DON DE DIOS

La Reconciliación
y la Eucaristía

Reconocimientos

Las citas bíblicas corresponden a *La Biblia de Nuestro Pueblo* © 2006 Pastoral Bible Foundation y © Ediciones Mensajero. Todos los derechos reservados.

Diseño de portada: Think Design
Ilustración de portadas de esta *Guía* y de los capítulos del estudiante: Susan Tolonen
Diseño interior: Think Design
Ilustraciones del interior de los capítulos del estudiante:
    2 Anna Leplar, 4 Joy Allen, 15 Phil Martin Photography
Directora artística: Judine O'Shea/Loyola Press
Traducción: Santiago Cortés-Sjöberg/Loyola Press

Loyola Press ha hecho todos los intentos posibles por localizar a los propietarios de los derechos de autor de las obras citadas en el presente trabajo a fin de hacer un reconocimiento pleno de la autoría de su trabajo. En caso de alguna omisión, Loyola Press se complacerá en reconocer el crédito en las ediciones futuras.

ISBN 13: 978-0-8294-2690-8, ISBN 10: 0-8294-2690-6
© 2009 Loyola Press

LOYOLA PRESS.
A JESUIT MINISTRY

3441 N. Ashland Avenue
Chicago, Illinois 60657
(800) 621-1008
www.loyolapress.com

Impreso en los Estados Unidos de América

08 09 10 11 12 13 14 15 16 VERSA 10 9 8 7 6 5 4 3 2 1

Para acceder a materiales en línea diseñados para los directores del programa de preparación sacramental *Don de Dios*, regístrese en **www.loyolapress.com/godsgift** con el código:
SPDG-3246

Índice

Continúa en la página siguiente

* La *Guía del catequista* y el librito del estudiante con los capítulos sobre los sacramentos según el Orden Restaurado —Capítulos A y B de la Confirmación— se pueden fotocopiar de esta *Guía para el director del Programa* o se pueden imprimir directamente de nuestra página digital **www.loyolapress.com/godsgift** en formato PDF. El librito para el estudiante también se incluye en formato PDF en el CD de recursos para el director del programa. Necesitará Adobe Reader© para abrir e imprimir los documentos en formato PDF. Si no tiene instalado en su computadora el programa de Adobe Reader©, lo puede descargar gratuitamente en www.adobe.com.

1ª PARTE

Los sacramentos

1ª PARTE
Índice

Los sacramentos

Los sacramentos: dones de la presencia de Dios

Dios nos otorga los sacramentos para mantenernos y fortalecernos en nuestra vida de fe de cada día. Mediante los sacramentos recibimos una participación en la vida divina, la gracia de Dios que nos ayuda a conformar nuestros deseos según los deseos de Dios, y la fortaleza para vivir como seguidores de Jesús. A lo largo de nuestro peregrinaje de fe esperamos continuar profundizando en nuestro entendimiento de estos dones que hemos recibido de Dios a través de Jesucristo.

La catequesis de preparación para celebrar por primera vez un sacramento es un período de tiempo lleno de gracia. Es una oportunidad para invitar a los niños a reconocer, y recibir con gratitud, el don de la gracia que se nos es ofrecida a través de la presencia sacramental de Cristo. Mediante la catequesis invitamos a los niños y sus familias a vivir la experiencia de la fe de una manera más profunda.

La función del director del programa

Como director del programa usted prepara e implementa la catequesis de preparación sacramental en su comunidad parroquial. Usted comparte, junto con el párroco y el personal de la parroquia, la responsabilidad de planificar una catequesis que prepare a los niños para participar, de una manera apropiada a su edad, en los sacramentos de la Reconciliación, la Eucaristía y, posiblemente, de la Confirmación.

La *Guía para el director del programa*, y los demás recursos y materiales que forman este programa sacramental, le ayudarán a preparar un programa catequético efectivo para los sacramentos de la Reconciliación y la Eucaristía, así como de los sacramentos de la Confirmación y la Eucaristía según el Orden Restaurado. Todos los materiales han sido diseñados para ofrecerle flexibilidad y darle la opción de personalizarlos, de tal manera que usted pueda crear un programa que responda específicamente a las necesidades de su comunidad parroquial.

La comunidad de fe y la catequesis para los sacramentos

Toda la comunidad parroquial comparte la responsabilidad de la catequesis para la primera recepción de los sacramentos. Toda la comunidad parroquial también contribuye a esta catequesis. La participación en la preparación y celebración de los sacramentos juega un papel central en la formación de fe de la comunidad y es un aspecto esencial del ministerio de la parroquia.

El párroco y el personal parroquial

Como director del programa, usted colaborará con el párroco y el personal de la parroquia para identificar los talentos que toda la comunidad parroquial puede aportar en servicio al ministerio catequético. El personal de la parroquia y los líderes de ésta están llamados en especial a participar en las reuniones con los padres de familia y en los retiros que forman parte de este programa sacramental. Además usted tendrá muchas más oportunidades para colaborar con el párroco, el liturgista y las demás personas que participan en la planificación de las celebraciones litúrgicas de la parroquia.

Los catequistas

Al compartir la misión de la Iglesia de anunciar la Buena Nueva de Jesús, los catequistas desean crecer en la fe y compartirla con los demás. Dan testimonio de su fe a través de lo que comparten al enseñar y mediante el ejemplo de su vida. Usted tiene el privilegio de invitar y preparar a quienes servirán a la comunidad como catequistas del programa de preparación sacramental.

Los catequistas del programa de preparación sacramental sirven a la comunidad en diversos contextos. Quizás sean maestros en una escuela católica, catequistas en un programa de educación religiosa parroquial o voluntarios dedicados exclusivamente al programa de preparación sacramental. Esta *Guía para el director del programa* le ofrece, en las páginas 14–15, materiales y sugerencias para ayudarlo en la formación de estos catequistas.

La familia

Los niños han estado aprendiendo mediante sus relaciones con los demás y especialmente con sus familiares, los valores del perdón, la oración, del pertenecer y del vivir como discípulos de Cristo. Los materiales de este programa afirman y reconocen el papel central de la familia en la formación de fe de los niños y ofrece oportunidades para que todos los miembros de la familia profundicen en su fe.

La comunidad parroquial

Los miembros de una parroquia aprenden lo que significa ser un pueblo de fe mediante la oración, el servicio y la comunidad. Dan testimonio del Evangelio y son modelos de una vida cristiana. Como tales, los feligreses son maestros que transmiten y enseñan la fe.

Al preparar el programa de preparación sacramental, busque oportunidades para involucrar a toda la comunidad parroquial. Por ejemplo: ofrezca información en el boletín parroquial acerca del programa de preparación sacramental de su parroquia e invite a la comunidad a orar por quienes se están preparando para celebrar los sacramentos por primera vez.

La catequesis sacramental, el cuidado pastoral y la evangelización

La inminente preparación para la celebración de los sacramentos a menudo brinda la oportunidad de evangelizar y ofrecer cuidado pastoral a quienes participan en ella de una manera u otra. Cuando las familias presentan a sus hijos para que se preparen para los sacramentos, estas traen consigo sus preocupaciones e intereses personales. Cuando planifique e implemente la catequesis sacramental, esté atento a las oportunidades que puedan surgir para ofrecer cuidado pastoral.

El período de preparación sacramental de un niño es una oportunidad para invitar a sus padres a reflexionar acerca de su relación con la Iglesia y su parroquia. También es un momento oportuno para sugerir a las familias diferentes maneras mediante las que fortalecer la práctica de su fe. En algunos casos, este período puede ser incluso una oportunidad para acompañar a los padres y sus familias en su regreso a practicar la fe.

Los sacramentos de la Reconciliación y de la Eucaristía

En ocasiones la preparación y primera celebración del sacramento de la Reconciliación tienen lugar un año antes de la preparación para la Primera Eucaristía. En otras, la preparación y celebración de ambos sacramentos tienen lugar en un mismo año. Sea el caso que sea, la Iglesia requiere que la catequesis para la Primera Reconciliación se lleve a cabo mediante un programa de preparación específico y distinto del de la Primera Eucaristía. La primera celebración del sacramento de la Reconciliación debe preceder a la celebración de la Primera Comunión (*Código de derecho canónico* #914; *Directorio nacional para la catequesis* 36.B.2., p. 149).

Los sacramentos de iniciación según el Orden Restaurado

La edad para recibir el sacramento de la Confirmación la determina el obispo local. En algunas diócesis el obispo ha establecido que los sacramentos de la Confirmación y de la Eucaristía se deben celebrar según el Orden Restaurado. Esto significa que los niños se preparan y reciben el sacramento de la Confirmación antes o al mismo tiempo que reciben su Primera Comunión.

La 4ª parte de esta *Guía para el director del programa* ofrece materiales adicionales para las parroquias que celebran los sacramentos de iniciación según el Orden Restaurado. Ofrecemos dos lecciones adicionales que contienen la catequesis necesaria para preparar a los niños para celebrar el sacramento de la Confirmación junto con su primera celebración del sacramento de la Eucaristía. Otros de los recursos que le ofrecemos contienen información sobre la teología e historia de los sacramentos de iniciación, una reunión para padres de familia específicamente centrada en torno a los sacramentos de iniciación según el Orden Restaurado, sugerencias de cómo modificar el retiro de la Primera Eucaristía si se sigue el Orden Restaurado, así como anotaciones sobre la celebración de los sacramentos de la Reconciliación y de la Eucaristía según el Orden Restaurado.

Los calendarios de planificación que le ofrecemos en la página 13 son guías para implementar el programa de preparación sacramental *Don de Dios*. Se pueden ajustar y adaptar al programa de preparación y celebración de los sacramentos de su propia parroquia.

Los sacramentos y los niños con necesidades especiales

Los sacramentos son dones de Dios. Ningún sacramento se ofrece basándose en la capacidad de quien lo recibe de poder celebrarlo. Más bien, quienes tengan una disposición adecuada están invitados a participar en la celebración de los sacramentos de la manera en la que les sea posible hacerlo. Es el deber de la Iglesia y de sus ministros el de adaptar la catequesis, según sea apropiado, para responder a las necesidades de todos los miembros de la comunidad. En algunos casos se ofrecen programas catequéticos adaptados a necesidades específicas en cooperación con otras parroquias o ministerios diocesanos. Se puede pedir a los padres de familia, a quienes cuidan de niños con necesidades especiales y a los especialistas en desarrollo infantil a que ayuden a los párrocos y ministros parroquiales a determinar la edad de uso de razón en personas con discapacidades mentales. Puede encontrar más información acerca de la celebración de los sacramentos con personas discapacitadas en *Guidelines for the Celebration of the Sacraments with Persons with Disabilities* [Directrices para la celebración de los sacramentos con personas discapacitadas] de la Conferencia de Obispos Católicos de los Estados Unidos (USCCB por sus siglas en inglés).

Los sacramentos de iniciación en las Iglesias orientales católicas

En los ritos de las Iglesias orientales católicas los niños son bautizados, confirmados y reciben la Sagrada Comunión por primera vez siendo bebés. Aunque puede ser apropiado que estos niños tengan una celebración especial de la Sagrada Comunión cuando el resto reciben su Primera Comunión, es importante reconocer y hacer saber a la comunidad que estos niños ya recibieron su Primera Comunión cuando fueron bautizados.

El Rito de Iniciación Cristiana para Adultos adaptado a los niños

Aquellas familias que no bautizaron a sus hijos cuando estos eran bebés y ahora desean hacerlo pueden presentarse en la parroquia durante el período de preparación para la Primera Comunión. Los niños de estas familias tendrán que participar en una catequesis adicional antes de poder recibir los sacramentos de iniciación (Bautismo, Confirmación y Eucaristía). Su preparación consistirá en una adaptación del Rito de Iniciación Cristiana para Adultos. Consulte a su diócesis local acerca de las directrices para la participación de niños de edad catequética en el Rito de Iniciación Cristiana para Adultos.

Planificando una preparación sacramental efectiva

Esquema general de los componentes del programa

Catequesis infantil

Los libros del estudiante y la *Guía del catequista* se pueden usar para la preparación sacramental tanto en una escuela católica como en un programa catequético parroquial. El libro del estudiante, junto con la guía familiar *Juntos,* también puede usarse para la catequesis en el hogar.

Catequesis familiar

Las guías familiares *Juntos* ayudan a los padres a preparar a sus hijos para la celebración de los sacramentos según un modelo de catequesis doméstica. También sirve para reforzar en el hogar la catequesis sacramental que los niños hayan recibido o estén recibiendo en los programas de su parroquia o escuela.

Reuniones de padres de familia

Una reunión orientativa invita a los padres de familia a reflexionar acerca de la importancia de los sacramentos y les ofrece un esquema general del programa de preparación sacramental. Otras reuniones adicionales sobre la Reconciliación, la Eucaristía y el Orden Restaurado ofrecen oportunidades para la formación de fe de los adultos y para compartir información sobre la preparación y celebración de cada uno de los sacramentos.

Retiros

Los retiros afirman la importancia de este período de preparación sacramental y ofrecen diferentes contextos en los que celebrar la catequesis. También son oportunidades únicas para celebrar catequesis intergeneracional. Le ofrecemos un retiro para celebrar antes de la Primera Reconciliación y otro para antes de la Primera Eucaristía. Hay materiales adicionales para adaptar el retiro de la Primera Eucaristía en parroquias donde se celebran los sacramentos según el Orden Restaurado.

Esquema general de los componentes del programa

Guía para el director del programa

Esta guía ofrece los materiales y recursos necesarios para planificar e implementar el programa de preparación sacramental, incluyendo reuniones para padres de familia, retiros y las celebraciones de los sacramentos. Incluye materiales para la Primera Reconciliación y la Primera Eucaristía, así como para la Confirmación y la Primera Eucaristía según el Orden Restaurado.

CD de recursos para el director del programa

Este CD viene incluido en la *Guía del director del programa.* Contiene materiales reproducibles para las reuniones de padres de familia y los retiros, invitaciones, anuncios para el boletín parroquial, certificados y otros recursos para imprimir. Todos ellos pueden personalizarse para responder a las necesidades específicas de la parroquia.

DVD *Vengan y verán*

El DVD *Vengan y verán* contiene tres segmentos: *Paseo por la Iglesia,* que incluye una visita al confesionario; *Tu función en la misa;* y *El ritual importa.* El DVD, en español e inglés, se puede usar en las reuniones para padres de familia y los retiros. La *Guía para el director del programa* ofrece sugerencias de cómo usar este DVD.

La Reconciliación: don de Dios y La Eucaristía: don de Dios

El libro del estudiante para cada sacramento contiene la información esencial para la preparación sacramental, así como actividades para que los niños se preparen para la celebración de cada sacramento. Las calcomanías del libro del estudiante ayudan a integrar las ilustraciones del libro en el proceso catequético.

Guía del catequista

Esta guía ayuda al catequista a prepararse y guiar sesiones catequéticas efectivas. Estas guías presentan, de una manera fácil de usar, todo el contenido que necesitará el catequista. Cada capítulo comienza con un proceso de *Preparación catequética.* Le sigue un esquema denominado *Guía de preparación* que presenta el contenido clave de cada sesión. Las *Opciones y actividades de repaso* sugieren actividades que ayudarán a los catequistas a prolongar y profundizar en el contenido de cada lección. Las *Hojas maestras en blanco* ofrecen actividades adicionales, tarjetas con vocabulario y otras herramientas para repasar lo aprendido.

CD con Escritura, reflexiones y música

El CD ofrece grabaciones diseñadas para sacarle mayor provecho a la catequesis. Lecturas bíblicas dramatizadas, reflexiones guiadas y cantos son parte integral de las sesiones catequéticas. Las instrucciones para usar el CD están integradas en cada uno de los esquemas de las lecciones que aparecen en la *Guía del catequista.*

Mi libro de la Reconciliación y Mi libro de la misa

Estos libritos contienen actividades para reforzar lo que el niño haya aprendido acerca de la celebración de los sacramentos. Cada librito se convierte en un libro de oraciones personalizado y en un recuerdo para el niño y su familia.

Juntos: Preparándose en casa para la Primera Reconciliación y Juntos: Preparándose en casa para la Primera Eucaristía

Estas guías familiares están diseñadas para ayudar a los padres a compartir su fe con sus hijos. Cada guía familiar ofrece sugerencias concretas para reflexionar en el hogar acerca del mensaje de fe que se ha enseñado durante la sesión catequética en la escuela o parroquia. Las guías familiares también se pueden usar, junto con el libro del estudiante, para llevar a cabo la catequesis sacramental en el hogar.

Página digital *Don de Dios*

Visite www.loyolapress.com/godsgift, donde encontrará una gran variedad de recursos adicionales para los catequistas, padres de familia y niños. Los recursos están en español e inglés.

Programa bilingüe español-inglés

Los libros del estudiante, las *Guía del catequista*, las guías familiares *Juntos* y los libritos de la Reconciliación y de la Eucaristía están impresos en formato bilingüe español-inglés, así como también sólo en inglés. El CD con música, grabaciones bíblicas y reflexiones guiadas está disponible en español o en inglés. La *Guía para el director del programa* se ofrece impresa y en línea, en www.loyolapress.com/godsgift, en español e inglés. El contenido del CD de recursos para el director del programa, así como el DVD *Vengan y verán,* están disponibles en formato bilingüe español-inglés.

Esquema del contenido del libro del estudiante

La Reconciliación: don de Dios

Capítulo 1

> **TÍTULO:** Dios nos llama amigos.
>
> **TEMA:** Dios nos creó para vivir en amistad con él.
>
> **SAGRADA ESCRITURA:** Génesis 2 y 3, Génesis 3:15
>
> **PALABRAS CLAVE:** gracia, pecado original, reconciliar, Salvador y tentación.

Capítulo 2

> **TÍTULO:** Jesús nos salva.
>
> **TEMA:** Dios envió a Jesús para ser nuestro Salvador.
>
> **SAGRADA ESCRITURA:** Mateo 1:18–21, Mateo 28:18–20.
>
> **PALABRAS CLAVE:** Bautismo, Confirmación, Eucaristía, pecado, Reconciliación y sacramentos de iniciación.

Capítulo 3

> **TÍTULO:** Jesús nos perdona.
>
> **TEMA:** Jesús perdona nuestros pecados.
>
> **SAGRADA ESCRITURA:** Mateo 9:9–13, Lucas 10:27, Salmo 139:1–3.
>
> **PALABRAS CLAVE:** decisión moral, pecado mortal y pecado venial.

Capítulo 4

> **TÍTULO:** Jesús nos sana.
>
> **TEMA:** El sacramento de la Reconciliación nos sana mediante el perdón de los pecados.
>
> **SAGRADA ESCRITURA:** Marcos 2:1–12, Juan 20:23.
>
> **PALABRAS CLAVE:** confesarse y perdón.

Capítulo 5

> **TÍTULO:** El Espíritu Santo nos guía.
>
> **TEMA:** El Espíritu Santo nos ayuda a prepararnos y a celebrar el sacramento de la Reconciliación.
>
> **SAGRADA ESCRITURA:** Lucas 15:11–24, Romanos 5:11.
>
> **PALABRAS CLAVE:** absolución, conciencia, examen de conciencia y penitencia.

Capítulo 6

> **TÍTULO:** Dios está siempre con nosotros.
>
> **TEMA:** Dios siempre nos da la bienvenida mediante el sacramento de la Reconciliación.
>
> **SAGRADA ESCRITURA:** Mateo 18:12–14, Romanos 7:19, Salmo 25.
>
> **PALABRAS CLAVE:** ninguna.

La Eucaristía: don de Dios

Capítulo 1

TÍTULO: Pertenencia.

TEMA: Dios nos invita a celebrar el sacramento de la Eucaristía.

SAGRADA ESCRITURA: Hechos de los Apóstoles 2:1–4,32–41; Mateo 28:19; Salmo 100.

PALABRAS CLAVE: Bautismo, Confirmación, Eucaristía, misa, Sagrada Comunión y Trinidad.

Capítulo 2

TÍTULO: Reuniéndonos.

TEMA: Nos reunimos en la misa para celebrar la presencia de Dios.

SAGRADA ESCRITURA: 2 Samuel 6:11–15, Salmo 42:5.

PALABRAS CLAVE: altar y lector.

Capítulo 3

TÍTULO: Reflexionando.

TEMA: Nos preparamos para celebrar la presencia de Dios en la misa.

SAGRADA ESCRITURA: Éxodo 3:1–10, Isaías 6:3.

PALABRAS CLAVE: misericordia.

Capítulo 4

TÍTULO: Escuchando.

TEMA: Escuchamos la Palabra de Dios en la misa.

SAGRADA ESCRITURA: Mateo 13:3–8, 1 Tesalonicenses 1:16.

PALABRAS CLAVE: Antiguo Testamento, Credo, Evangelio, homilía, Nuevo Testamento, Sagrada Escritura y salmo.

Capítulo 5

TÍTULO: Preparando.

TEMA: Durante la misa nos preparamos para recibir la Eucaristía trayendo los dones del pan y el vino que ofreceremos a Dios.

SAGRADA ESCRITURA: Juan 6:1–13, 47–51, 2 Corintios 9:7.

PALABRAS CLAVE: bendición y sacrificio.

Capítulo 6

TÍTULO: Recordando.

TEMA: En la Plegaria Eucarística recordamos que Jesús nos da el regalo de sí mismo.

SAGRADA ESCRITURA: Lucas 22:14–20, Juan 14:26, Salmo 138:1–2.

PALABRAS CLAVE: Consagración, Plegaria Eucarística y Última Cena.

Capítulo 7

TÍTULO: Recibiendo.

TEMA: Recibimos el Cuerpo y la Sangre de Jesucristo en la Sagrada Comunión.

SAGRADA ESCRITURA: Hechos de los Apóstoles 2:42–47, 2 Corintios 9:15.

PALABRAS CLAVE: cáliz y hostia.

Capítulo 8

TÍTULO: Viajando.

TEMA: La Eucaristía nos alimenta para vivir como discípulos de Jesús.

SAGRADA ESCRITURA: Lucas 24:13–35, Juan 14:27.

PALABRAS CLAVE: ninguna.

La Eucaristía: don de Dios
(con dos sesiones adicionales para usar según el Orden Restaurado).

Los dos capítulos sobre la Confirmación y sus respectivas guías para el catequista se encuentran en la *Guía para el director del programa*, 4ª Parte: El Orden Restaurado. Los capítulos A y B sobre la Confirmación están diseñados para ser presentados entre los capítulos 1 y 2 de *La Eucaristía: don de Dios*.

Capítulo A (en la *Guía del director del programa*).

TÍTULO: El Espíritu Santo nos ayuda.

TEMA: El Espíritu Santo nos ayuda a vivir como discípulos de Jesús.

SAGRADA ESCRITURA: Juan 14:16,26, Romanos 5:5.

PALABRAS CLAVE: dones del Espíritu Santo, Espíritu Santo.

Capítulo B (en la *Guía del director del programa*).

TÍTULO: Estamos vivos en el Espíritu Santo.

TEMA: Recibimos la fortaleza para dar testimonio de Jesús.

SAGRADA ESCRITURA: Gálatas 5:22–23, Romanos 8:14.

PALABRAS CLAVE: Crisma, frutos del Espíritu Santo, padrino o madrina de confirmación.

Calendarios de planificación

Preparación para el sacramento de la Reconciliación y el sacramento de la Eucaristía en un solo año.

Septiembre
Reunión orientativa para padres de familia.

Septiembre–Octubre
Reunión para padres de familia sobre la Primera Reconciliación.

Octubre–Noviembre
Catequesis infantil, 6 sesiones.

Noviembre
Retiro de la Primera Reconciliación.

Diciembre
Primera Reconciliación durante el Tiempo de Adviento.

Enero
Reunión de padres de familia sobre la Primera Eucaristía.

Enero–Marzo
Catequesis infantil, 8 sesiones.

Abril
Retiro de la Primera Eucaristía.

Mayo
Primera Eucaristía durante el Tiempo de Pascua.

Preparación para el sacramento de la Reconciliación y los sacramentos de la Confirmación y de la Eucaristía según el Orden Restaurado en un solo año.

Septiembre
Reunión orientativa para padres de familia.

Septiembre–Octubre
Reunión para padres de familia sobre la Primera Reconciliación.

Octubre–Noviembre
Catequesis infantil, 6 sesiones.

Noviembre
Retiro de la Primera Reconciliación.

Diciembre
Primera Reconciliación durante el Tiempo de Adviento.

Enero
Reunión(es) de padres de familia sobre el Orden Restaurado.

Enero–Marzo
Catequesis infantil, 10 sesiones (8 sesiones para la Primera Eucaristía más 2 sesiones para la Confirmación).

Abril
Retiro de la Primera Eucaristía.

Mayo
Confirmación y Primera Eucaristía durante el Tiempo de Pascua.

Formación de catequistas

Los catequistas buscan oportunidades para enriquecer su propia vida espiritual. También necesitan de una base sólida sobre la que fundamentarse para guiar las sesiones de catequesis infantil, de un buen entendimiento de la fe y de la vida espiritual de los niños, así como de las cualidades y habilidades necesarias para dirigir una catequesis efectiva. Es esencial el ofrecer formación a los catequistas para poder llevar a cabo un programa de preparación sacramental con éxito.

Las Guías del catequista

Las dos *Guía del catequista* sobre la Reconciliación y la Eucaristía incluyen importantes materiales para la preparación de quienes van a guiar a los niños en las sesiones catequéticas. Estos recursos que le ofrecemos ayudarán a sus catequistas a tener mayores conocimientos y a estar más seguros de sí mismos en su ministerio.

Preparación catequética y Guía de preparación

Cada capítulo de la *Guía del catequista* comienza con un *Retiro de tres minutos* para un momento de oración personal, seguido de las secciones *Contexto catequético* —centrada en el tema principal del capítulo— y *Preparación catequética*, la cual incluye un esquema para planificar la sesión denominado *Guía de preparación*. Al usar estas secciones, los catequistas oran acerca del tema de la sesión y acceden a la información y conocimientos necesarios para presentar el contenido de la lección.

Secciones de la *Guía del catequista*

En cada capítulo de la *Guía del catequista* se delinean en detalle las cuatro partes del proceso catequético (Participa, Explora, Reflexiona y Responde) para poder llevar a cabo cada lección. Se ofrecen seis actividades adicionales —cuatro *Opciones* y dos *Actividades de repaso*— para ayudar a los catequistas tanto a prolongar los capítulos como para reforzar o repasar los conceptos que se han presentado en la lección.

Cada capítulo incluye las secciones *Contexto catequético, Entendiendo este pasaje bíblico* y *La fe nos enseña,* las cuales ofrecen más información detallada acerca del contenido que se presentará en la sesión. La sección *Tome nota* ofrece consejos y sugerencias para adaptar la lección y responder a los diferentes estilos de aprendizaje y necesidades de los niños del grupo. Anime a los catequistas a que presten atención a estas secciones cuando se preparen la lección.

Manual del catequista

El *Manual del catequista,* que se encuentra hacia el final de la *Guía del catequista,* contiene información esencial acerca de la catequesis sacramental, del desarrollo espiritual de los niños, de una catequesis efectiva y de la oración. También orienta a los catequistas en cómo preparar y guiar las sesiones de este programa. Anime a sus catequistas a que lean atentamente estas páginas y a que hagan referencia a ellas cada vez que se preparen para las lecciones. Usted mismo puede incluir estas páginas en la sesión orientativa y de formación que ofrezca a sus catequistas.

Página digital de *Don de Dios*

La página digital de este programa catequético, www.loyolapress.com/godsgift, ofrece recursos para catequistas en español e inglés. Estos materiales ofrecen la oportunidad de planificar las lecciones online e incluyen juegos, artículos y otras actividades. Para usar estos recursos digitales, los catequistas pueden registrarse introduciendo el código de acceso que aparece al principio de la *Guía del catequista*. Anime a sus catequistas a que usen estos materiales al planificar las lecciones.

La oración y la comunidad

Busque oportunidades para orar con sus catequistas y crear comunidad. Reúnalos para una sesión orientativa y organice reuniones de planificación. Ofrézcales oportunidades para compartir sus experiencias, realizar preguntas y apoyarse mutuamente en su ministerio. Invítelos a participar en actividades que ofrezca su parroquia o diócesis para la formación de catequistas.

Uso de las *Guías del catequista* para la formación de catequistas

1. Realicen el *Retiro de tres minutos* que se ofrece en cada capítulo para compartir con los catequistas un momento de oración bien durante las sesiones de planificación, bien antes de la catequesis infantil.

2. Ofrezca una orientación al programa de preparación sacramental que incluya una presentación de todos los recursos y materiales que los catequistas tienen a su disposición. La *Introducción al programa,* en las páginas Intro 2–Intro 29 de la *Guía del Catequista* para la Reconciliación y la Eucaristía, describe cómo los diferentes componentes del programa promueven una catequesis efectiva. (Vea también las páginas 8–9 de esta *Guía para el director del programa*).

3. Repasen el contenido de cada sesión y dialoguen haciendo uso del *Contexto catequético,* el cual incluye las secciones de *Celebrando nuestra fe en la liturgia, La Biblia en este capítulo* y *Catecismo de la Iglesia católica (CIC).* Las secciones *Entendiendo este pasaje bíblico* y *La fe nos enseña,* que aparecen en cada capítulo de la *Guía del catequista,* también le ofrecen información útil.

4. Anime a sus catequistas a que planifiquen juntos las sesiones y a que dialoguen sobre qué actividades serán más efectivas con los niños. Para responder a las necesidades específicas que puedan tener los niños, anime a los catequistas a usar la sección *Tome nota* que hay en cada capítulo. Para profundizar aún más en los temas, compartan y dialoguen acerca de la *Teología e historia* de los sacramentos de la Reconciliación, la Eucaristía y Confirmación, que se ofrecen en las páginas 27–29, 53–55 y 77–79 de esta *Guía para el director del programa*.

5. Finalmente, ofrezca a sus catequistas oportunidades para que puedan evaluar sus sesiones, ofrecer críticas constructivas y dialogar acerca de cómo optimizar e incluso mejorar el programa de preparación sacramental.

Reunión orientativa para padres de familia

Las reuniones para padres de familia sobre la preparación sacramental son oportunidades para comunicarles la información esencial del programa parroquial. También son oportunidades para crear comunidad, orar juntos, evangelizar y llevar a cabo formación de adultos en la fe.

La reuniones para padres de familia que se ofrecen con este programa están diseñadas para ofrecer a los participantes una experiencia de fe que sea positiva y llena de significado, una experiencia que los lleve a responder de una manera más plena a la invitación que nos hace Dios de entablar una relación de amor con él.

Desde la fe

Los sacramentos son dones de Dios que han sido encomendados a la Iglesia para que podamos participar de la vida divina.

Retiro de tres minutos

Al comenzar a prepararse para la reunión de padres de familia, deténgase un momento y ponga atención a su respiración. Respire profundamente varias veces. Sea consciente de la presencia amorosa de Dios en su interior.

Juan 10:10
[Jesús dijo:] "Yo vine para que tengan vida, y la tengan en abundancia".

Reflexión
Los sacramentos son encuentros con Dios que nos transforman, profundizan nuestra relación con Cristo y con los demás y nos dan la fuerza necesaria para vivir vidas santas. Los sacramentos nos ayudan a vivir cimentados en el amor de Dios, nos dan la bienvenida a la comunidad de fe y nos fortalecen para que nos podamos servir mutuamente.

Pregunta
¿Cómo me han transformado mis encuentros con Dios en los sacramentos?

Oración
Dios, que derramas tu gracia sobre nosotros, te damos gracias por el don de tu presencia sacramental. Continúa transformándonos mediante la gracia de los sacramentos.

Contexto para el líder

"Los sacramentos son signos sensibles y eficaces de la gracia, instituidos por Cristo y confiados a la Iglesia, a través de los cuales se nos otorga la vida divina" (*Compendio: Catecismo de la Iglesia católica,* #224).

En los sacramentos Dios nos llama a reunirnos como comunidad de fe. En respuesta a la iniciativa de Dios, acogemos en agradecimiento el don de la presencia de Dios. Mediante la gracia de los sacramentos somos transformados y llamados a vivir vidas sacramentales.

Con la celebración de los sacramentos la comunidad de fe que es la Iglesia recuerda la obra salvífica de Dios en Jesús, celebra la acción de Dios en la vida de la comunidad, y expresa su fe y confianza en la presencia amorosa de Dios en un futuro. La Eucaristía, descrita como "fuente y cumbre de la vida cristiana", es una clara expresión de cómo los sacramentos unen el pasado, el presente y el futuro mediante la acción del Espíritu Santo.

En la Liturgia Eucarística celebramos la realidad de la pasión, muerte, Resurrección y Ascensión de Jesús. Esta liturgia es la conmemoración de estos acontecimientos, pero no consiste simplemente en recordar el pasado. En la Liturgia Eucarística celebramos la realidad de Cristo presente en quienes están allí reunidos, en la Palabra proclamada, en el ministro y, de forma más especial, en el Cuerpo y Sangre de Cristo. También miramos hacia el futuro al recibir la gracia para vivir en el amor de Dios y al servicio del reino de Dios. Los siete sacramentos son signos de la presencia de Dios entre nosotros.

Sacramentos de iniciación

Bautismo
- Recordamos que Cristo murió y fue resucitado de entre los muertos para salvarnos del pecado.
- Somos bautizados con agua.
- Somos liberados del pecado original, limpiados de todo pecado, nos unimos a Jesús en su muerte y resurrección y renacemos como hijos e hijas de Dios.
- Nos convertimos en miembros del Cuerpo de Cristo, la Iglesia, y somos llamados a vivir como discípulos de Jesús.

Confirmación
- Recordamos el cumplimiento de la promesa de Jesús de enviarnos al Espíritu Santo para ayudar a la Iglesia a continuar la misión de Jesús.
- Mediante la imposición de manos y la unción con el Crisma somos sellados con los dones del Espíritu Santo.
- Somos fortalecidos con los dones del Espíritu Santo para dar testimonio de Cristo y vivir vidas santas.

La Eucaristía

- Recordamos el sacrificio de Jesús en la cruz y el don de su entrega en las especies del pan y el vino durante la Última Cena.
- Alabamos y damos gracias a Dios y nos ofrecemos a nosotros mismos junto con los dones del pan y el vino. El sacrificio de Jesús en la cruz se hace presente.
- Somos alimentados con el Cuerpo y la Sangre de Cristo y somos enviados a amar y servir a los demás en nombre de Jesús.

Sacramentos de sanación

Penitencia y reconciliación

- Recordamos que Jesús reconcilió con Dios a los pecadores y encomendó a la Iglesia el ministerio de la reconciliación.
- Confesamos nuestros pecados a un obispo o sacerdote y recibimos la absolución.
- Recibimos el perdón de nuestros pecados. Nos reconciliamos con Dios, con la Iglesia y con aquellos a quienes hemos herido u ofendido.

Unción de enfermos

- Recordamos que Jesús demostró el amor de Dios al sanar a los enfermos y perdonar pecados.
- Quienes están enfermos son ungidos en la frente y manos con un óleo consagrado.
- Nuestro sufrimiento se une a la pasión de Cristo y recibimos los dones de la fortaleza, el consuelo, el perdón y la paz.

Sacramentos de servicio a la comunidad

El orden sacerdotal

- Recordamos que Jesús eligió a los apóstoles para que guiaran a la Iglesia.
- Los obispos, sacerdotes y diáconos son ordenados mediante la imposición de manos y la oración de consagración para servir a la Iglesia.
- Quienes ejercen el sacerdocio ministerial son ordenados para actuar en la persona de Cristo, es decir, como representantes de Cristo.

Matrimonio

- Recordamos que Jesús bendice la vida matrimonial y la transforma en un signo de su amor por la Iglesia.
- El hombre y la mujer intercambian votos ante Dios y la Iglesia.
- La pareja casada es unida en el amor, y es fortalecida por el amor de Dios para amarse mutuamente y ser signos de la unión de Cristo con la Iglesia.

Presentación sobre los sacramentos: dones de la presencia de Dios

Objetivos
Al terminar esta reunión, los participantes serán capaces de:
* Reconocer que este período de preparación sacramental es una oportunidad para las familias de crecer y fortalecer su vida de fe.
* Apreciar aún más que los sacramentos son dones que fortalecen la vida de Dios en nosotros de manera que podamos vivir la vida de una forma más plena.
* Identificar cómo las familias pueden participar en la preparación sacramental.

Horario
Participa (10 minutos)
Explora (35 minutos)
Reflexiona (5 minutos)
Responde (15 minutos)

Con antelación
* Envíe a los padres la carta de invitación (vea el ejemplo que se le ofrece en el CD de recursos para el director del programa).
* Entregue a la persona encargada del boletín parroquial el anuncio de la reunión al menos dos semanas antes de que esta vaya a tener lugar para que sea publicado (vea el ejemplo que se le ofrece en el CD de recursos para el director del programa).
* Invite al personal parroquial y a feligreses a dar la bienvenida a los participantes.
* Coloque las sillas de tal manera que promuevan diálogos en grupos pequeños.
* Organice un Centro de oración que sea atractivo.
* Organice, si es necesario, un área para ofrecer un refrigerio.
* Haga las fotocopias necesarias (usando los originales incluidos en el CD de recursos).

Antes de comenzar
* Pida a un padre de familia que proclame durante la oración inicial la lectura bíblica.
* Decida si, para comenzar la presentación, va a proyectar "El ritual importa" (9½ minutos del DVD *Vengan y verán)* o si usará "Reflexión: Una oración de un padre de familia" (incluida en el CD de recursos para el director del programa).
* Fotocopie las hojas que distribuirá a los participantes (incluidas en el CD de recursos).

Materiales necesarios
* Objetos para el Centro de oración: Biblia, objetos que simbolicen los sacramentos, una veladora (tenga en cuenta las ordenanzas municipales en materia de incendios).
* Gafetes para escribir los nombres de los participantes.
* Pizarrón y gis (o su equivalente).
* Opción 1: DVD *Vengan y verán,* segmento "El ritual importa", reproductor de DVD y televisión o pantalla; Opción 2: "Reflexión: Una oración de un padre de familia" (incluida en el CD de recursos para el director del programa).
* Fotocopias de "Guía para el diálogo en grupos pequeños: Los dones de la presencia de Dios", "Preparación sacramental: Calendario del programa" y "¡Qué buenas preguntas! Los sacramentos" (originales incluidos en el CD de recursos).

Recursos necesarios

- Ejemplares de los libros del estudiante: *La Reconciliación: don de Dios, La Eucaristía: don de Dios, Mi libro de la Reconciliación* y *Mi libro de la misa.*
- Ejemplares de las guías familiares: *Juntos: Preparándose en casa par la Primera Reconciliación* y *Juntos: Preparándose en casa par la Primera Eucaristía.*

Esquema de la reunión

Participa

(Dé la bienvenida a todos los presentes. Preséntese al grupo y presente a los catequistas y a cualquier otro miembro del personal parroquial que este presente. Usando el texto que sigue a continuación, ofrézcales un resumen de lo que se va a tratar durante la reunión).

Nos hemos reunido para reflexionar acerca de la importancia de los sacramentos en nuestra propia vida y para aprender cómo los niños de nuestra parroquia se preparan para los sacramentos. Esperamos que al terminar la reunión ustedes sepan cómo sus familias pueden participar en la preparación sacramental de sus hijos.

Para empezar, preséntense a quien esté sentado a su lado. Dígale el nombre y edad del hijo que se preparará este año para recibir los sacramentos. A continuación, compartan entre ustedes sus respuestas a la siguiente pregunta: "¿Cuál es una de las cosas que espero beneficie a mi hijo o hija durante su período de preparación sacramental?" Después de dedicar unos minutos a presentarnos y compartir nuestras respuestas, nos volveremos a juntar para orar en grupo.

GUÍA: Teniendo presentes las esperanzas que tenemos para nuestros hijos, guardemos silencio y preparémonos para escuchar la Palabra de Dios en la Sagrada Escritura.

Lectura del santo Evangelio según san Juan 10:10.

(Un padre de familia proclama la lectura usando una Biblia, omitiendo la primera parte del versículo 10).

GUÍA: Oremos para que, durante este tiempo que vamos a pasar juntos, abramos aún más nuestro corazón y vida al amor que Dios nos tiene.

Dios nuestro, de ti brota toda la gracia.
Mediante los sacramentos tú compartes con nosotros tu vida divina para que podamos vivir la vida en abundancia.
Envía a tu Espíritu Santo para que nos guíe durante esta reunión.
Abre nuestros ojos para que podamos reconocerte en los demás.
Ayúdanos a abrir nuestra mente.
Mueve nuestro corazón para que aceptemos tu amor.
Fortalece nuestra fe a medida que buscamos acercarnos cada vez más a ti y a los demás.
Te lo pedimos por Jesucristo, nuestro Señor.

TODOS: Amén.

Explora

(Use una de las opciones que se ofrecen a continuación e invite a los padres a reflexionar sobre el papel que ellos juegan a la hora de transmitir la fe y preparar a sus hijos para los sacramentos:

Opción 1: Segmento "El ritual importa" del DVD Vengan y verán.

Opción 2: "Reflexión: Una oración de un padre de familia" (incluida en el CD de recursos para el director del programa).

Todas las familias tienen rituales, por ejemplo al celebrar cumpleaños, para las comidas en familia o incluso para la hora de irse a dormir. Incluso si no los llamamos rituales, las maneras en las que siempre hacemos siempre ciertas cosas son rituales.

(Pídales a los participantes que, usando las preguntas que siguen a continuación, reflexionen acerca de algún ritual familiar).

¿Cuál es uno de los rituales importantes de tu familia? ¿Quién participa en este ritual? ¿Por qué tiene valor para ti este ritual?

(Pasados unos momentos de reflexión en silencio, invite a los participantes a dirigirse de nuevo a la persona que esté sentada junto a ellos. Pídales que platiquen entre ellos acerca de su ritual familiar y la importancia que este tiene para ellos.

Cuando la mayoría de las parejas hayan terminado de compartir sus respuestas, pídale al grupo entero que dialoguen acerca de la importancia de los rituales, indicándoles la relación que existe entre estos rituales ordinarios y los sacramentos).

Algunas de nuestras acciones comunican algo más de lo que aparentan decir a simple vista. Estas acciones tienen un significado en sí mismas debido a las personas con las que las compartimos y a causa de lo que transmiten. Al igual que los rituales de los cumpleaños, días de fiesta y aniversarios a menudo comunican más de lo que parecen transmitir a simple vista, los sacramentos también expresan unas realidades que van más allá de lo que aparentan comunicar.

(Invite a los participantes a que nombren los siete sacramentos. A medida que los nombren, reproduzca en el pizarrón —o su equivalente— el esquema que sigue a continuación. Cuando mencionen cada sacramento, pídales que describan los signos y acciones que forman parte de su celebración. A continuación, resuma brevemente qué es lo que celebramos en cada sacramento. Use como referencia para el diálogo el esquema que aparece en Contexto para el líder, *en las páginas 17–18).*

Sacramentos de iniciación
- Bautismo: agua–limpia; óleo–fortalece.
- Confirmación: unción con el Crisma–fortalece.
- La Eucaristía: pan y vino–alimentan.

Sacramentos de sanación
- Penitencia y reconciliación: palabras de la absolución–sanan.
- Unción de enfermos: óleo–fortalece, consuela.

Sacramentos de servicio a la comunidad.
- Orden sacerdotal: imposición de manos por parte del obispo y oración de consagración–otorga la gracia para representar a Cristo.
- Matrimonio: intercambio de votos–fortalece la unidad.

(Continúe hablando de los sacramentos).

Los sacramentos son expresiones del amor que Dios nos tiene y son el medio por el cual recibimos la gracia de Dios, una participación en la vida divina. A través de los sacramentos celebramos y vivimos el don de la presencia salvífica de Dios en nosotros y entre nosotros de tres maneras importantes:

> Recordamos la obra salvadora de Dios en Jesús.

> Celebramos la acción de Dios en la vida de la comunidad.

> Expresamos nuestra fe y confianza en la presencia amorosa de Dios en un futuro.

Recordamos a Jesús, quien demuestra la presencia de Dios mediante el perdón, la sanación y el llamado a la comunidad a amar y servir. De manera especialísima, recordamos el don de la salvación que recibimos mediante la pasión, muerte, Resurrección y Ascensión de Jesús.

Cuando nos reunimos para celebrar los sacramentos, reconocemos esa misma obra salvífica que se hace presente mediante el perdón y la sanación que tiene lugar en nuestra comunidad eclesial. Estas experiencias indican y celebran la realidad del amor continuo de Dios.

Los sacramentos también nos ayudan a reconocer la presencia de Dios en las experiencias del día a día. Es posible que, por ejemplo, seamos conscientes de la presencia de Dios cuando alguien nos perdona, cuando somos capaces nosotros mismos de perdonar a alguien o cuando cuidamos de un enfermo.

Los sacramentos nos dan además la gracia que necesitamos para ser signos del amor de Dios en el mundo. Consideren los siguientes ejemplos:

> En el Bautismo la Iglesia nos acoge como miembros suyos. A su vez, nosotros estamos llamados a acoger a los demás.

> En el sacramento de la Reconciliación recibimos el perdón y nos reconciliamos con Dios y los demás. A su vez, recibimos la gracia de Dios, la cual nos da la fuerza necesaria para poder perdonar a los demás.

> En la Eucaristía celebramos la unión (comunión) con Dios a través de Cristo. A su vez, recibimos la gracia necesaria para hacer presente a Jesús a los demás.

> Celebramos la Unción de enfermos. A su vez, estamos llamados a cuidar de quienes están enfermos o sufren.

Al celebrar los sacramentos estamos celebrando todo aquello que Dios ha hecho y continúa haciendo en nuestras vidas. Afirmamos que nosotros, como individuos y como comunidad, queremos reflejar los valores y la forma de vivir que los sacramentos nos señalan.

Ahora, divídanse en grupos pequeños para platicar y compartir algunas de las cosas que han estado escuchando hasta ahora. Tendrán 15 minutos para dialogar y conversar.

(Distribuya las fotocopias de "Guía para el diálogo en grupos pequeños: Los dones de la presencia de Dios". Dígales que usen las preguntas de las fotocopias como guías para la conversación. Indíqueles cómo formar los grupos. Al terminar el período de diálogo, invíteles a que hagan preguntas o comentarios).

Reflexiona

Antes de continuar hablando de los detalles pertinentes a este año de preparación sacramental tan especial para sus hijos, oremos y pidamos la bendición de Dios.

GUÍA: Dios es la fuente de toda sabiduría y amor. Oremos para que Dios nos guíe durante este proceso de aprendizaje y oración que vamos a iniciar con todos los niños que están a nuestro cargo. A cada petición respondamos: "Señor, escucha nuestra oración".

Oramos por nuestros hijos e hijas.
Dios nuestro, bendice a nuestros hijos e hijas, especialmente durante este período de preparación sacramental. Ayúdalos a crecer en la fe. Bendícelos con el don del entendimiento.
Oremos al Señor:

TODOS: Señor, escucha nuestra oración.

GUÍA: Oramos por los padres y madres de familia.
Que su fe y amor sean ejemplos a seguir para sus hijos e hijas.
Oremos al Señor:

TODOS: Señor, escucha nuestra oración.

GUÍA: Dios del amor,
tú enviaste a tu Hijo para enseñarnos
que la verdadera sabiduría brota de ti.
Envía tu Espíritu a estos padres y sus familias
e impárteles tu sabiduría.
Te pedimos que durante este período especial de preparación sacramental
continúen acercándose a ti y sean más conscientes de
tu presencia y amor.
Te lo pedimos por Cristo, nuestro Señor.

TODOS: Amén.

✓ Consejos para el diálogo en grupos pequeños

- Limite de cinco a siete el número de personas en cada grupo.

- Haga que cada grupo se siente entorno a una mesa o hagan un círculo con las sillas.

- Asegúrese de que hay distancia suficiente entre cada grupo para que se centren en su diálogo y no se distraigan.

- Avise a los grupos cuando queden dos minutos para terminar la conversación.

Responde

Hablemos ahora acerca de algunos de los aspectos del programa de preparación sacramental que son específicos de nuestra parroquia.

(Presente un resumen de su programa de preparación sacramental y de las expectativas que tiene su parroquia al respecto.

- *Muéstreles los materiales que se usarán en el programa. Enséñeles copias de los libros de los niños* La Reconciliación: don de Dios, Mi libro de la Reconciliación, La Eucaristía: don de Dios *y* Mi libro de la misa. *Tenga algunas copias disponibles para que los padres de familia las puedan ojear. Enséñeles también las guías familiares* Juntos: Preparándose en casa para la Primera Reconciliación *y* Juntos: Preparándose en casa para la Primera Eucaristía. *Explíqueles cómo usar en casa estas guías familiares.*

- *Menciónales otros materiales y recursos adicionales dirigidos a familias que pueden encontrar en la página digital del programa www.loyolapress.com/godsgift.*

- *Si los niños de su parroquia se preparan para los sacramentos de la Confirmación y la Eucaristía según el Orden Restaurado, entonces indíqueles que hay dos lecciones adicionales sobre el sacramento de la Confirmación que se llevarán a cabo durante la catequesis de los niños.*

- *Distribuya fotocopias de "Preparación sacramental: Calendario del programa". Dialoguen sobre su contenido. Explíqueles qué expectativas tienen de quienes participan en el programa, incluyendo los retiros y ensayos.*

- *Distribuya fotocopias de "¡Qué buenas preguntas! Los sacramentos". Realice cualquier aclaración que sea necesaria.*

- *Dedique algo de tiempo a preguntas y comentarios).*

Muchas gracias por haber venido. Sabemos que están muy ocupados y les agradecemos que hayan participado en esta reunión. No duden en ponerse en contacto con nosotros si necesitan cualquier cosa mientras se preparan, junto con sus hijos, para los sacramentos. Estamos aquí para ayudarlos. Llámennos si tienen preguntas, comentarios o sugerencias.

2ª PARTE

El sacramento de la Reconciliación

2ª PARTE
Índice

El Sacramento de la Reconciliación

Teología e historia del sacramento de la Reconciliación

En el sacramento de la Reconciliación recibimos el don de la misericordia de Dios que se nos es ofrecido a través de su Hijo, Jesucristo. Jesús anunció la Buena Nueva del perdón de Dios y llevó la paz a los pecadores. Cristo, mediante el Misterio Pascual, nos redimió del pecado e hizo realidad la promesa de la salvación. Tras su Resurrección, Jesús confió a sus apóstoles el poder de perdonar los pecados de manera que la Iglesia pudiera continuar el ministerio de la reconciliación. Cuando celebramos el sacramento de la Reconciliación, nuestros pecados nos son perdonados por el poder del Espíritu Santo y nuestra amistad con Dios es restaurada. Recibimos la paz de Dios y la fortaleza que necesitamos para vivir como discípulos de Jesús.

En el Bautismo, el primer sacramento del perdón, el pecado original es borrado y somos sanados de todo pecado. La gracia del Bautismo alcanza su plenitud en los sacramentos de la Confirmación y de la Eucaristía. Aún así, debilitados por los efectos del pecado original, caemos en tentación y pecamos al tomar deliberadamente decisiones que nos alejan de Dios y de los demás. Los pecados mortales nos alejan completamente de Dios. Los pecados veniales dañan nuestra relación con Dios y con los demás pero no nos separan completamente de Dios. En el sacramento de la Reconciliación nuestros pecados nos son perdonados en nombre de Jesús y nos reconciliamos con Dios, con la Iglesia y con los demás. Habiendo retornado a la amistad con Dios por medio del sacramento de la Reconciliación, nuestra vida como discípulos de Jesús es renovada.

El sacramento de la Reconciliación es a menudo llamado "sacramento de la Penitencia". El *Catecismo de la Iglesia católica* también lo denomina "sacramento de conversión", "sacramento de la confesión" y "sacramento del perdón" (CIC 1423-1424). Cada uno de estos nombres identifica un aspecto central de este sacramento, cada uno de los cuales ha sido celebrado con distinto énfasis a lo largo de la historia de la Iglesia.

En la Iglesia de los primeros siglos, el sacramento del Bautismo marcaba una conversión radical en la vida de los adultos y se asumía que una vez bautizado, un adulto no volvería a cometer un pecado serio. En caso de cometer un pecado serio público —como la idolatría, el homicidio o el adulterio— se tomaban los pasos necesarios para excluir de la comunidad a quienes hubieran causado un escándalo público a causa de su pecado.

Con el paso del tiempo se desarrolló un proceso para que estas personas que habían cometido un pecado serio público pudiesen reconciliarse con la comunidad. Este proceso, denominado "penitencia canónica", estableció una orden de penitentes que reconocía públicamente sus pecados. Los penitentes solicitaban las oraciones de la comunidad y llevaban a cabo penitencias severas, a veces durante años, antes de recibir la absolución en el sacramento. En algunos lugares la penitencia canónica sólo se podía recibir solamente una vez en la vida. El miedo a las consecuencias que podría traer el cometer un pecado serio más adelante hacía que hubiese personas que evitaran la penitencia canónica. Otras retrasaban su Bautismo hasta bien pasados los años.

En el Siglo VII surgió un nuevo modelo de penitencia privada basado en la práctica monacal del examen diario de conciencia. Los monjes irlandeses introdujeron este modelo como una confesión "privada". Según este modelo el penitente confesaba sus pecados al sacerdote, quien estaba obligado a guardar en secreto lo que el penitente le revelara. Esto hizo que la celebración del sacramento comenzara a tener lugar con mayor regularidad y frecuencia.

Con el auge de la confesión privada, el pecado y la reconciliación pasaron a verse como cuestiones de carácter individual. La arquitectura eclesiástica empezó a incluir confesionarios, pequeñas habitaciones diseñadas para proteger la privacidad y anonimato del penitente.

El Concilio Vaticano II urgió una reforma del Rito de la Penitencia. Los nuevos ritos destacan la centralidad de la misericordia de Dios y la importancia de la comunidad. El Rito de la Penitencia, reconociendo el daño que causa el pecado, hace hincapié en la conversión. Se urge la celebración frecuente de este sacramento de manera que el penitente pueda ser fortalecido con la gracia de Dios para vivir como discípulo de Cristo.

La celebración de sacramento

Para prepararnos para el sacramento de la Reconciliación, pedimos al Espíritu Santo que nos guíe mientras que reflexionamos acerca de nuestras acciones. Este examen de conciencia nos prepara para confesar nuestros pecados con honestidad y confiar en la misericordia de Dios. El sacerdote escucha nuestra confesión y, actuando en nombre de Jesucristo, nos transmite el perdón de Dios. Nos reconciliamos con Dios, con los demás y con la Iglesia.

El sacramento de la Reconciliación se puede celebrar según el Rito de la Reconciliación individual o el Rito de la Reconciliación general con confesión individual. También existen otras formas de celebrarlo cuando se dan circunstancias especiales, como el Rito de la Reconciliación con confesión y absolución generales o una versión abreviada en casos de muerte inminente. Todas las formas de celebrar el sacramento reconocen la dimensión comunitaria de la gracia y el perdón de Dios. Se urge que celebremos frecuentemente este sacramento. Este es un sacramento que nos llama a una conversión continua y que nos da la fuerza necesaria para perdonar a los demás y vivir más como Cristo.

Las partes del Rito de la Reconciliación nos llevan a recibir el perdón de Dios:

1. **Saludo y señal de la cruz**

   El sacerdote saluda al penitente. Juntos hacen la señal de la cruz. Es posible que el sacerdote lea un pasaje bíblico.

2. **Confesión de los pecados**

   El penitente confiesa sus pecados al sacerdote. Los pecados serios deben confesarse, mencionado qué tipo de pecados son y la frecuencia con la que se cometieron. El sacerdote, obligado por el sigilo sacramental, no puede revelar a nadie nada de lo que el penitente le haya dicho. Es posible que el sacerdote aconseje y oriente al penitente.

3. **Aceptación de la penitencia**

   El sacerdote asigna al penitente una penitencia, una oración u obra para reparar el daño causado por el pecado y demostrar el deseo del penitente de cambiar. El penitente acepta la penitencia y la lleva a cabo tan pronto como sea posible una vez celebrado el sacramento.

4. **Oración de arrepentimiento**

   El penitente recita el Acto de contrición u otra oración de arrepentimiento.

5. **Absolución**

   El sacerdote recita las palabras de absolución, perdonando —en nombre de Jesús— los pecados del penitente.

6. **Despedida**

   El sacerdote se despide del penitente deseándole la paz.

Señales de que se está preparado

Sólo aquellos que han alcanzado la edad de uso de razón pueden ser culpables de haber cometido un pecado. Esto no quiere decir, sin embargo, que los niños de menor edad no sean conscientes de la importancia que tiene el perdón en sus relaciones personales. Las experiencias personales de ser perdonado y de perdonar son las bases para una catequesis sobre la misericordia de Dios. Los niños, gracias a sus experiencias personales y la catequesis, aprenden a confiar en Dios, quien los ama e invita a reconciliarse a través de su Hijo, Jesucristo.

Un niño que está preparado para celebrar el sacramento de la Reconciliación:
- Demuestra que tiene conocimientos de Jesús y del mensaje evangélico del perdón.
- Reconoce cuando ha hecho algo malo.
- Demuestra arrepentimiento cuando peca, es decir, que desea el perdón y que está dispuesto a ser mejor en un futuro (*Directorio nacional para la catequesis* 36.B.2, p. 149).

Juntos —padres de familia, párrocos y líderes catequéticos— determinan si un niño está preparado para celebrar el sacramento de la Reconciliación. Se supone y espera que los niños se preparen y celebren el sacramento de la Reconciliación antes de su (Confirmación y) Primera Comunión (*Código de derecho canónico* #914; *Directorio nacional para la catequesis* 36.B.2, p. 149).

Reunión de padres sobre el sacramento de la Reconciliación

Esta reunión es una oportunidad para que los padres de familia reflexionen sobre su propia experiencia en relación con el sacramento de la Reconciliación. Algunos padres son conscientes, con seguridad, de la importancia de este sacramento y están deseosos de llevar a sus hijos a este encuentro con la misericordia de Dios. Sin embargo, es posible que otros padres tengan una actitud de incomodidad o aprensión respecto a este sacramento. Puede que algunos otros no hayan celebrado este sacramento desde que eran niños. Esta reunión puede ser para todos ellos una oportunidad para apreciar de una manera renovada la necesidad que tenemos de vivir una conversión continua.

Durante esta reunión se invitará a los participantes a reflexionar acerca de la importancia del perdón en su propia vida, a profundizar en el concepto de la gracia del sacramento y a articular qué deseos tienen para el desarrollo de la relación de sus hijos con Dios y las demás personas. Esta reunión es, de una manera especial, una oportunidad para animar a los padres de familia a reflexionar acerca de cómo están preparando ellos mismos a sus hijos e hijas para que sean personas que perdonen y acepten el perdón.

Tema

Dios nos invita a celebrar su misericordia y perdón en el sacramento de la Reconciliación. Respondemos al amor de Dios al perdonar y al buscar el perdón.

Retiro de tres minutos

Al comenzar a prepararse para la reunión de padres de familia, deténgase un momento y ponga atención a su respiración. Respire profundamente varias veces. Sea consciente de la presencia amorosa de Dios en su interior.

Marcos 2:5
Viendo Jesús su fe, dice al paralítico: "Hijo, tus pecados te son perdonados".

Reflexión
Los amigos de este hombre, confiando en el poder sanador de Jesús, dieron pasos extraordinarios para acercar a su amigo a Jesús, bajándolo en una camilla por un agujero del tejado. Al observan tal fe, Jesús respondió no sólo sanando físicamente al hombre, sino también sanándolo espiritualmente, perdonándole sus pecados. Nuestro mayor sufrimiento está causado por nuestros pecados, los cuales nos paralizan y no nos dejan acercarnos a Dios para tener una relación más profunda con él.

Jesús, sin importar el tipo de ofensa que hayamos causado, siempre está dispuesto a perdonarnos. Jesús comparte este poder de perdonar, mediante el sacramento de la Reconciliación, con los obispos y sacerdotes de la Iglesia. Celebramos este sacramento con confianza, sabiendo que nos ofrece una manera de recibir el mismo perdón que se le ofreció al paralítico.

Preguntas

¿Qué me impide acercarme a Dios para tener una relación más profunda con él? ¿De qué tengo que pedir perdón para poder experimentar la gracia del perdón de Dios?

Oración

Jesús, tú siempre nos amas. Ayúdame a confiar en ti. Dame la fortaleza y valentía para reconocer mis pecados y buscar tu perdón en el sacramento de la Reconciliación.

Contexto para el líder

Véase "Teología e historia del sacramento de la Reconciliación", en las páginas 27–29 de esta *Guía para el director del programa*.

Objetivos

Al terminar esta reunión los participantes serán capaces de:

- Reconocer la relación que existe entre las experiencias diarias de perdonar y ser perdonados, y la celebración del sacramento de la Reconciliación.
- Dialogar acerca del significado e importancia del sacramento de la Reconciliación.
- Identificar cómo pueden participar las familias más plenamente durante este período de preparación para el sacramento de la Reconciliación.

Horario

Participa (10 minutos)
Explora (30 minutos)
Reflexiona (10 minutos)
Responde (10 minutos)

Con antelación

- Envíe a los padres la carta de invitación (vea el ejemplo que se le ofrece en el CD de recursos para el director del programa).
- Entregue a la persona encargada del boletín parroquial el anuncio de la reunión al menos dos semanas antes de que esta vaya a tener lugar para que sea publicado (vea el ejemplo que se le ofrece en el CD de recursos).
- Invite al personal parroquial y a otros feligreses a dar la bienvenida a los padres de familia.
- Haga las fotocopias necesarias (originales incluidos en el CD de recursos para el director del programa).

Antes de comenzar

- Pida a un padre de familia que proclame durante la oración inicial la lectura bíblica.
- Organice un Centro de oración en su lugar de reunión.
- Organice, si es necesario, un área para ofrecer un refrigerio.

Materiales necesarios

- Objetos para el Centro de oración: Biblia, objetos que simbolicen los sacramentos, una veladora (asegúrese de tener en cuenta las ordenanzas municipales en materia de incendios).
- Gafetes para escribir los nombres de los participantes.
- Grabación bíblica dramatizada: *Sanado mediante el perdón,* 6 min. 18 seg. (número 6 del CD con Escritura, reflexiones y música).
- Reproductor de CDs.
- Opcional: "El confesionario", segmento de 5 minutos del DVD *Vengan y verán.* Reproductor de DVDs y pantalla.
- Fotocopias de "Reflexionado sobre nuestra propia experiencia", "Celebrando la Reconciliación", "Guía para el diálogo en grupos pequeños: Celebrando el perdón de Dios" y "Preparación para la Primera Reconciliación: Calendario del programa" (originales incluidos en el CD de recursos).

Recursos necesarios

- Ejemplares del libro del estudiante: *La Reconciliación: don de Dios* y de *Mi libro de la Reconciliación.* Asegúrese de tener suficientes copias para que las puedan ojear los padres de familia.
- Ejemplares de la guía familiar: *Juntos: Preparándose en casa par la Primera Reconciliación.* Si las va a distribuir a cada familia, asegúrese de tener copias suficientes.

Esquema de la reunión

Participa

(A medida que lleguen los participantes, entrégueles una fotocopia de "Reflexionado sobre nuestra propia experiencia". Una vez que estén todos presentes, deles la bienvenida. Preséntese al grupo y presente también a los catequistas y a cualquier otro miembro del personal parroquial que esté presente. Comience la reunión usando el texto que sigue a continuación como guía).

Nos reunimos como padres de familia que desean que sus hijos se preparen y celebren por primera vez el sacramento de la Reconciliación. Como padres ustedes ya han estado enseñando a sus hijos lo que significa el ser perdonado y el perdonar a los demás. Lo hacen en sus hogares, en las interacciones que tienen con sus hijos cada día. Al comenzar esta preparación para el sacramento de la Reconciliación, los invitamos a que piensen en este como una oportunidad para reflexionar acerca del significado que tiene el sacramento de la Reconciliación en su propia vida.

En unos momentos les pediremos que se presenten a otra persona y que conversen durante unos minutos acerca de lo que significa perdonar y ser perdonado. Cuando llegaron aquí recibieron una hoja de papel titulada "Reflexionando sobre nuestra propia experiencia". Léanla ahora detenidamente. Piensen con detenimiento en las citas y preguntas que figuran en la hoja.

(Deles unos minutos para que reflexionen individualmente).

Ahora les invito a que se presente a otra persona y a que conversen brevemente acerca de sus reacciones a las citas y sus respuestas a las preguntas de reflexión.

(Deles unos minutos para que dialoguen. Una vez concluido este período de tiempo, pídales que presten atención al grupo e invítelos a la oración).

GUÍA: Oremos para que durante este tiempo que estamos pasando juntos, estemos dispuestos a profundizar en nuestro entendimiento de los dones de la misericordia y perdón de Dios de manera que esto nos lleve a un nuevo aprecio del sacramento de la Reconciliación.

(Introduzca el pasaje bíblico de la curación del paralítico que realiza Jesús. Hágalo indicando la relación que existe entre este milagro y las citas que leyeron acerca del significado del perdón).

Escuchemos ahora la Palabra de Dios tomada de la Sagrada Escritura.

Lectura del santo Evangelio según san Marcos 2:1–12. Jesús sana al paralítico.

(Un padre de familia proclama la lectura usando una Biblia).

GUÍA: Dios misericordioso, tú nos llamas a celebrar tu amor y tu perdón en el sacramento de la Reconciliación. Tú nos llamas a vivir como lo hizo Jesús, con compasión y comprensión. Tú nos llamas a ser misericordiosos, a perdonar a los demás como tú nos perdonas a nosotros. Ayúdanos a aceptar tu infinita misericordia.

TODOS: Amén.

Explora

La lectura bíblica de hoy nos habla de la sanación y el perdón. Cuando enseñemos este pasaje bíblico a los niños, lo haremos dos veces: la primera, se lo leeremos como lo acabamos de hacer aquí; la segunda vez los niños la escucharán de una grabación dramatizada. Nosotros también vamos a escuchar este relato bíblico mediante una grabación dramatizada de manera que también podamos experimentar el poder de la imaginación al reflexionar sobre la Palabra de Dios.

(Invite a todos a escuchar atentamente el relato bíblico dramatizado "Sanado mediante el perdón", número 6 del CD. Sugiérales que cierren los ojos para que les sea más fácil imaginarse la escena que se relata.

Cuando hayan terminado de escuchar la grabación, pídale a los participantes que reflexionen en silencio en torno a la siguiente pregunta: ¿Qué me dice esta historia bíblica acerca del sacramento de la Reconciliación?

Tras un momento de silencio, pida a algunos voluntarios que compartan sus respuestas. Una vez hecho esto, continúe con la reunión).

Nuestro deseo de tener una amistad con Dios es en sí un don de Dios. En el libro del Génesis escuchamos la historia de Adán y Eva y de cómo perdieron su amistad con Dios a causa del pecado. Jesús vino como nuestro Salvador para reconciliarnos con Dios. En las aguas del Bautismo todos nuestros pecados son borrados y nuestra amistad con Dios queda restaurada.

Sin embargo, debilitados por el pecado, hay ocasiones en las que no somos capaces de resistir la tentación. El pecado es una realidad en nuestras vidas y tomamos decisiones que nos alejan del amor y la amistad de Dios. Con nuestro pecado nos herimos a nosotros mismos, herimos a los demás y herimos nuestra relación con Dios. Como el paralítico de la lectura de hoy, buscamos la sanación mediante un encuentro con Jesús. Esto es lo que celebramos en el sacramento de la Reconciliación: un encuentro con Jesús gracias al cual somos sanados mediante el perdón de nuestros pecados.

✔ Consejos para el diálogo en grupos pequeños

- Limite de cinco a siete el número de personas en cada grupo.

- Haga que cada grupo se siente entorno a una mesa o hagan un círculo con las sillas.

- Asegúrese de que hay distancia suficiente entre cada grupo para que se centren en su diálogo y no se distraigan.

- Avise a los grupos cuando queden dos minutos para terminar la conversación.

En el relato bíblico que acabamos de escuchar, los amigos del paralítico fueron quienes lo llevaron hasta Jesús. El paralítico no habría podido llegar hasta Jesús sin la ayuda de sus amigos. En nuestro caso, es a través del ministerio de la Iglesia que experimentamos el perdón de nuestros pecados. Traemos a nuestros hijos e hijas para que celebren en el sacramento de la Reconciliación el perdón sanador de Dios.

Es el don de la fe el que nos lleva a responder a la invitación que nos hace Dios de recibir su misericordia. Dios envió a su Hijo, Jesús, para que podamos experimentar la profundidad de su misericordia y amor. Jesús otorgó a sus discípulos la autoridad para perdonar los pecados en su nombre. Cuando confesamos nuestros pecados y recibimos la absolución, nuestras relaciones con Dios, con la Iglesia y con los demás son restauradas; nuestros pecados son perdonados; el daño causado por el pecado es sanado; nos encontramos en paz.

Nosotros, como le sucedió al paralítico, somos transformados mediante el poder de este sacramento. La Reconciliación es un sacramento de conversión y estamos necesitados de una conversión continua para acercarnos cada vez más a Dios. Necesitamos este sacramento a lo largo de toda nuestra vida.

Veamos ahora cómo celebramos el sacramento de la Reconciliación.

(Muéstreles el segmento del DVD Vengan y verán *titulado "El confesionario", si lo cree oportuno. Reparta las fotocopias de "Celebrando la Reconciliación". Explíqueles breve-mente el rito de la Reconciliación y responda a cualquier pregunta que los participantes puedan tener).*

Tenemos la esperanza de ser más conscientes del amor tan grande que Dios nos tiene, de manera que podamos estar dispuestos a recibir los dones del perdón, la sanación y la paz mediante el sacramento de la Reconciliación.

Reflexiona

Antes de continuar hablando de los detalles pertinentes a este año de preparación sacramental tan especial para sus hijos, oremos para darle gracias a Dios por el don de su misericordia.

(Guíe la oración usando la meditación guiada que sigue a continuación. El reproducir música instrumental mientras lo hace ayudará a los participantes a adentrarse en la oración. Puede encontrar música instrumental en el número 4 del CD con Escritura, reflexiones y música).

GUÍA: Guarda silencio y relájate. Cierra los ojos. Descansa en el silencio. Descansa en la presencia y amor infinito de Dios. Pídele a Dios que te ayude a saber más acerca de sus dones de la misericordia y su perdón.

Jesús dijo: "Tus pecados te son perdonados".

Acuérdate de una ocasión en la que experimentaste el perdón; una ocasión en la que alguien de tu familia tenía toda la razón para estar furioso contigo y sin embargo te dio un abrazo y te dijo: "Todo va a salir bien. Te quiero". *(Pausa).*

Demos gracias a Dios por todas las veces que un ser querido nos ha perdonado.

Digamos juntos: "Te damos gracias, Señor".

TODOS: Te damos gracias, Señor.

GUÍA: Jesús dijo: "Tus pecados te son perdonados".

Acuérdate de una ocasión en la que experimentas el perdón de un amigo; una ocasión en la que le dijiste a un amigo: "Lo siento" y tu amigo te respondió diciendo: "Lo sé. No pasa nada. De verdad que no pasa nada", y lo dijo de tal manera que siguieron siendo amigos. *(Pausa).*

Por ello decimos juntos:

TODOS: Te damos gracias, Señor.

GUÍA: Jesús dijo: "Tus pecados te son perdonados".

Piensa en tu hijo que se está preparando para celebrar el sacramento de la Reconciliación. Acuérdate de aquellas ocasiones en la que tu hijo te pidió perdón y tú lo perdonaste. Acuérdate de aquellas ocasiones en las que tu hijo te ha perdonado a ti. Piensa en las maneras con las que tu hijo te demuestra que te ama. *(Pausa).*

Demos gracias a Dios por el don del perdón y el amor de tu hijo.

Por ello decimos juntos:

TODOS: Te damos gracias, Señor.

GUÍA: Jesús dijo: "Tus pecados te son perdonados".

Tú has experimentado el perdón de diferentes personas pero ¿a quién necesitas perdonar tú? ¿Quién te ha decepcionado en tu vida? ¿Quién se ha aprovechado de ti? ¿A quién necesitas perdonar porque el odio, el dolor o la falta de confianza te ha paralizado? Pídele a Dios que te ayude a dar el primer paso hacia la reconciliación. *(Pausa).*

Jesús dijo: "Tus pecados te son perdonados".

Piensa en ti. ¿Has sentido alguna vez la necesidad de perdonarte a ti mismo? Piensa en aquello que te cuesta aceptar de ti mismo. *(Pausa).*

Ahora, imagínate que estás mirando a Jesús a los ojos. Escúchale decirte con amor: "Te amo. Tus pecados te son perdonados". *(Pausa).*

Cuando estés listo, abre los ojos. Se consciente de donde estás y de quienes están a tu alrededor.

Responde

Veamos ahora algunos de los aspectos específicos del programa de preparación y celebración del sacramento de la Reconciliación de nuestra parroquia.

(Presente un resumen del programa de preparación infantil para el sacramento de la Reconciliación y dígales las expectativas que tiene su parroquia al respecto.

- *Muéstreles los materiales que se usarán en el programa. Enséñeles copias de los libros de los niños* La Reconciliación: don de Dios *y* Mi libro de la Reconciliación. *Tenga algunas copias disponibles para que los padres de familia las puedan ojear.*
- *Entrégueles la guía familiar* Juntos: Preparándose en casa para la Primera Reconciliación. *Explíqueles cómo usar en casa estas guías familiares. Mencióneles otros materiales y recursos adicionales dirigidos a familias que pueden encontrar en la página digital del programa www.loyolapress.com/godsgift.*
- *Distribuya fotocopias de "Preparación para la Primera Reconciliación: Calendario del programa". Dialoguen sobre su contenido. Explíqueles qué expectativas tienen de quienes participan en el programa, incluyendo los retiros y ensayos.*
- *Dedique algo de tiempo a preguntas y comentarios).*

Muchas gracias por haber venido. Sabemos que están muy ocupados y les agradecemos que hayan participado en esta reunión. No duden en ponerse en contacto con nosotros si necesitan cualquier cosa mientras se preparan, junto con sus hijos, para el sacramento de la Reconciliación. Estamos aquí para ayudarlos. Llámennos si tienen preguntas, comentarios o sugerencias.

Retiro de la Primera Reconciliación

Un retiro antes de celebrar la Primera Reconciliación puede ser uno de los puntos más destacados del programa de preparación sacramental de su parroquia. Un retiro de estas características ofrece a hijos y padres una oportunidad para relacionarse de manera significativa entre ellos y con las demás familias de la parroquia. Aunque pueda parecer que las actividades del retiro están dirigidas sólo a los niños, las sesiones que se ofrecen en este retiro han sido diseñadas teniendo presente el hecho de que a menudo los padres aprenden por medio de sus hijos.

El retiro está organizado en cuatro sesiones. Cada sesión tiene sus propios objetivos, materiales, fotocopias, instrucciones sobre cómo preparar el lugar de reunión, estructura y horario. Esto le ofrece flexibilidad a la hora de llevar a cabo el retiro. Por ejemplo, si no puede ofrecer el retiro tal y como se lo proponemos, entonces tiene la opción de modificar una o más de las sesiones; o si no quiere ofrecer todas las sesiones, entonces puede elegir sólo aquellas que crea que tendrán mayor sentido para sus familias.

La hospitalidad es siempre un aspecto importante de cualquier retiro. Preste atención a los siguientes detalles para poder crear un ambiente de hospitalidad:

- Decida con bastante antelación la fecha del retiro. Inclúyala en el calendario del programa. Si el grupo es demasiado grande, entonces quizás quiera ofrecer el retiro más de una vez.
- Pídale al personal de la parroquia que esté disponible el día del retiro para dar la bienvenida a las familias y, de ser posible, para ayudar durante el retiro en sí.
- Invite a feligreses a ofrecerse voluntarios para ayudar durante el retiro. Asegúrese de que los voluntarios participen con antelación en la preparación del retiro junto con el resto del equipo.
- Demuestre respeto hacia las familias que van a participar teniendo todo organizado y siguiendo el horario y calendario previstos. Asegúrese de ofrecer un descanso durante el retiro. De ser posible, organice un refrigerio durante el descanso, con bebidas y/o comida para compartir.

Preparación del líder

Prepárese para guiar este retiro reflexionando sobre el significado del sacramento de la Reconciliación. Dedique tiempo, en privado o con el equipo que coordinará el retiro, para meditar acerca de los temas que se presentarán y su significado.

Antes de comenzar, deténgase un momento y ponga atención a su respiración. Respire profundamente varias veces. Sea consciente de la presencia amorosa de Dios en su interior.

Piense en cómo celebramos, en los sacramentos, el amor y presencia de Dios en nuestra vida. Piense en las familias cuyos hijos se están preparando para su Primera Reconciliación. Ofrézcaselos a Dios en su oración.

Lea el relato bíblico de Zaqueo (Lucas 19:1–10), el cual ofrece la imagen central de este retiro. Reflexione sobre las siguientes preguntas:

- ¿Cuál es mi primera reacción al leer este relato?
- ¿Qué significado ha tenido para mi este relato en el pasado?
- ¿Tiene ahora un significado diferente para mi?

Imagínese a usted mismo como un personaje del relato bíblico. Quizás quiera ser una de las personas de la multitud que espera a Jesús o de las que bloquean el paso a Zaqueo, quizás esté viendo a Zaqueo subirse el árbol o esté escuchando a Jesús dirigiéndose a él. Elija una frase o imagen de la lectura y simplemente céntrese en ella.

- ¿Qué retos me ofrece esta lectura?
- ¿Cómo me está llamando a cambiar y crecer?

La Sagrada Escritura y la Tradición

El aspecto central de esta lectura es el reconocer la relación que existe entre la invitación de Dios de ser perdonado y nuestra respuesta de arrepentimiento y conversión. Jesús se autoinvitó a la casa de Zaqueo. Jesús no esperó a que Zaqueo pidiera perdón antes de reunirse con él para comer juntos. Jesús tomó la iniciativa y Zaqueo respondió con alegría.

El sacramento de la Reconciliación es, en breves palabras, una celebración, la celebración de la invitación de Dios a ser perdonados y de nuestra aceptación de ese perdón. Este sacramento es una celebración gozosa.

Presentación del retiro de la Reconciliación

Tema
En el sacramento de la Reconciliación celebramos el perdón de Dios.

Objetivos
Participar en este retiro:
- Fortalecerá el sentido de comunidad entre las familias cuyos hijos se están preparando para la Primera Reconciliación.
- Ayudará a las familias a descubrir la relación que existe entre el experimentar el perdón y perdonar, y la celebración del sacramento de la Reconciliación.
- Permitirá a los niños describir cómo se celebra el sacramento de la Reconciliación.

Horario
Este retiro debería durar alrededor de 2 ½ horas. Las sesiones están diseñadas para seguir el siguiente orden:
- Sesión 1: Bienvenida, oración inicial y reflexión (30 minutos).
- Sesión 2: Reglas según las que vivir (35 minutos).
- Descanso (opcional): Refrigerio (15 minutos).
- Sesión 3: Las decisiones que tomamos (30 minutos).
- Sesión 4: Rito y ritual (30 minutos).

Con antelación
- Elija los lugares donde se celebrará cada sesión.
- Organice un equipo para coordinar el retiro y reúnase con ellos. Use la "Hoja de planificación: Retiro de la Primera Reconciliación" (incluida en el CD de recursos para el director del programa) para asignar responsabilidades.
- Entregue a la persona encargada del boletín parroquial el anuncio del retiro al menos dos semanas antes de que esta vaya a tener lugar para que sea publicado (vea el ejemplo que se le ofrece en el CD de recursos).
- Haga las fotocopias necesarias (usando los originales incluidos en el CD de recursos para el director del programa).

Antes de comenzar
- Prepare los lugares donde se llevarán a cabo todas las sesiones (las instrucciones y materiales necesarios para cada sesión se detallan más adelante).
- Prepare una mesa de bienvenida, con gafetes con los nombres de los voluntarios y participantes.

Sesión 1: Bienvenida, oración inicial y reflexión

Objetivos

En esta sesión los padres y sus hijos:

- Reflexionarán sobre la historia de Zaqueo.
- Dialogarán acerca de decisiones basadas o no en el amor.

Materiales necesarios

- Dos copias del guión "La historia de Zaqueo" (incluido en el CD de recursos para el director del programa).
- Micrófono para Zaqueo, si es necesario.
- Atril con micrófono para el narrador, si es necesario.
- Una planta o ramas grandes para simbolizar el árbol.
- Unos escalones o escalerita.
- Capa o túnica para Zaqueo.

Preparación inmediata

- Prepare un salón grande para reunirse, creando un Centro de oración al frente.
- Organice el Centro de oración de la siguiente manera: sitúe el atril a un lado y la planta o ramas en el otro. Coloque los escalones o escalerita detrás del "árbol" para simular que Zaqueo está subiéndose al árbol.
- Seleccione miembros del equipo o padres de familia para que hagan el papel de lector y de Zaqueo durante la dramatización de "La historia de Zaqueo". Practique con ellos usando el guión.

Horario sugerido

- Bienvenida (10 minutos).
- Reflexión: "La historia de Zaqueo" (10 minutos).
- Diálogo con el grupo entero: Decisiones basadas o no en el amor (5 minutos).
- Transición a la siguiente sesión (5 minutos).

Bienvenida

Hoy nos hemos reunido para participar en este retiro. Esta es una oportunidad para dejar de lado lo que hacemos normalmente y dedicar algo de tiempo a participar en actividades que nos ayudarán a enriquecer nuestro concepto del sacramento de la Reconciliación. Este retiro también sirve para poner fin a nuestro tiempo de preparación sacramental. Hablaremos de las decisiones que tomamos, tanto las basadas en el amor como las que no. Platicaremos acerca de las reglas que seguimos a la hora de tomar decisiones, las reglas de Dios y las reglas que tenemos en nuestras familias. Y aprenderemos acerca del Rito de la Reconciliación, la manera en la que celebramos este sacramento.

Oración inicial

Antes de seguir adelante, guardemos silencio y recordemos que Dios está con nosotros, ahora y siempre. Oremos:

GUÍA: Dios, fuente de todo amor,
    te damos gracias por darnos este don, la oportunidad de celebrar este retiro.
    Ayúdanos a dejar de lado las preocupaciones que normalmente llenan nuestra mente.
    Abre nuestros corazones para que podamos ser conscientes de tu amor y misericordia.
    Te lo pedimos por Jesucristo, tu Hijo, nuestro Señor.

TODOS: Amén.

Reflexión

Vamos a continuar nuestra reunión con una historia del Evangelio según san Lucas. En este relato bíblico conoceremos a un hombre llamado Zaqueo que era recaudador de impuestos. Niños, ustedes se acordarán de otro recaudador de impuestos llamado Mateo. Su historia aparece en su libro de la Reconciliación. ¿Qué aprendieron acerca de los recaudadores de impuestos en los tiempos de Jesús? *(Posibles respuestas: A la gente no les gustaban los recaudadores de impuestos porque les cobraban dinero para dárselo a los romanos. Algunos recaudadores de impuestos eran deshonestos y engañaban a la gente cobrándoles más de lo necesario).*

En la historia bíblica que vamos a escuchar veremos cómo Jesús llega a la ciudad de Jericó y anuncia que cenará en la casa de Zaqueo. Quienes estaban alrededor de Jesús se sorprendieron mucho al escuchar esto. No podían entender por qué Jesús quería cenar con alguien que no era honesto, que engañaba a la gente y que no era ni querido ni respetado por los demás.

Ahora, escuchemos atentamente esta lectura especial de la historia de Zaqueo. Después platicaremos más sobre ella.

(Dos personas leerán el relato bíblico usando el guión "La historia de Zaqueo", que está basado en Lucas 19:1–10. Vea el CD de recursos para el director del programa).

La historia de Zaqueo nos cuenta muchas cosas acerca del perdón y la reconciliación. Zaqueo, antes de que conociera a Jesús, no siempre trataba bien a las personas. A veces Zaqueo no respetaba a los demás. A veces Zaqueo no era justo con los demás. A veces Zaqueo mentía y engañaba a los demás para conseguir más dinero.

Cuando Zaqueo mentía y engañaba a los demás, ¿estaba tomando decisiones basadas en el amor o no? *(Invite a los niños a que respondan).*

Había personas que se burlaban de Zaqueo porque era bajito de estatura. Pero a la mayoría no les gustaba Zaqueo porque era recaudador de impuestos. Les cobraba más de lo que debía y se quedaba con el dinero de más. Por eso, cuando Jesús dijo que comería en casa de Zaqueo, la gente se sorprendió. Decía: "Zaqueo es un pecador. ¿Cómo puede Jesús ir a la casa de un pecador?"

Cuando la gente se burlaba de Zaqueo, ¿estaban tomando decisiones basadas en el amor o no? *(Invite a los niños a que respondan).*

Cuando Jesús dijo que cenaría en casa de Zaqueo, Jesús estaba tomando una decisión basada en el amor. Jesús le respondió a Zaqueo con amor. El corazón de Zaqueo se transformó a causa del amor de Jesús. Zaqueo tuvo una conversión. Y por eso él también tomó una decisión basada en el amor. Zaqueo dijo que iba a dejar de engañar a la gente. Prometió devolver a quienes había engañado cuatro veces la cantidad que les había quitado. ¡Fue el amor de Jesús lo que hizo que Zaqueo tuviera la valentía necesaria para transformar su vida!

Esta historia es importante para nosotros porque Jesús nos pide a cada uno de nosotros que tomemos todos los días decisiones que estén basadas en el amor. En la próxima sesión seguiremos hablando de tomar decisiones basadas en el amor.

Sesión 2: Reglas según las que vivir

Objetivos

En esta sesión los padres y sus hijos:

- Conversarán acerca de las reglas que tienen en su familia para ayudarse mutuamente a tomar buenas decisiones basadas en el amor.
- Conversarán acerca de las reglas que Dios nos da para ayudarnos a vivir la vida.

Materiales necesarios

- Fotocopias de "Guía para el diálogo en grupos pequeños: Reglas según las que vivir". Haga suficientes copias para todos los participantes. (El original se encuentra en el CD de recursos para el director del programa).
- Atril y micrófono, si son necesarios.
- Dos hojas grandes de papel y marcadores de colores para cada grupo.
- Cinta adhesiva para usar en la pared.

Preparación inmediata

- Prepare un salón en donde se puedan reunir todos los participantes. Si es necesario, coloque un micrófono para el coordinador de la sesión.
- Organice el salón de tal manera que luego se puedan mover las sillas para crear pequeños grupos para el diálogo.
- Cada grupo consistirá en tres niños y sus padres. Decida cómo identificará a cada grupo (por ejemplo, dando a cada grupo gafetes de un color específico).
- Coloque dos hojas grandes de papel y marcadores de colores en el piso, alrededor de los cuales se juntará formando un círculo cada grupo. En la parte superior de una de las hojas escriba "Reglas de la familia", y en la otra "Reglas de Dios".

Horario sugerido

- Instrucciones (5 minutos).
- Diálogo en grupos pequeños (15 minutos).
- Informes de los grupos pequeños (15 minutos).
- Descanso opcional y refrigerio (15 minutos).

Instrucciones

(Indíqueles cómo formar los grupos pequeños, de tres niños y sus padres cada uno. Pídales que formen un círculo con sus sillas. Añada sillas si es necesario. Reparta las fotocopias de "Guía para el diálogo en grupos pequeños: Reglas según las que vivir". Repase con todos las instrucciones para el diálogo en grupos pequeños que aparecen en las fotocopias).

Diálogo en grupos pequeños

Durante esta parte del retiro vamos a dialogar acerca de cómo las reglas que tienen nuestras familias nos ayudan a tomar buenas decisiones, así como las reglas que nos da Dios nos ayudan a vivir vidas santas. Encontrarán preguntas e instrucciones para el diálogo en las fotocopias. Tendrán 15 minutos para compartir y dialogar. Levanten la mano si tienen alguna pregunta o necesitan ayuda.

(Avise a los grupos cuando queden dos minutos de conversación. Al terminar el diálogo, pida a los participantes que devuelvan las sillas a su posición original).

Informes de los grupos pequeños

(Pídales a los miembros de cada grupo que peguen en una de las paredes del salón las hojas tituladas "Reglas de la familia" y que peguen las tituladas "Reglas de Dios" en la pared opuesta. Comience el diálogo con todo el grupo haciendo referencia primero a las respuestas escritas en las hojas "Reglas de la familia". Guíe el diálogo basándose en las siguientes preguntas):

- ¿Por qué las familias tienen reglas?
- ¿Qué sucede cuando los miembros de la familia no siguen esas reglas?

(Hablen acerca de las "Reglas de Dios" basándose en las respuestas escritas en esas hojas. Indíqueles cómo las reglas de Dios y las reglas de las familias nos ayudan a tomar buenas decisiones basadas en el amor).

Las reglas de Dios y las reglas de las familias nos guían para que podamos vivir una vida buena y podamos tomar buenas decisiones. Antes de celebrar el sacramento de la Reconciliación, reflexionamos sobre estas reglas y determinamos si las hemos cumplido o no. Esto es lo que llamamos examen de conciencia.

A veces cometemos errores. En otras ocasiones ocurren accidentes y nos sentimos responsables. Los errores y los accidentes se parecen en algo: son cosas que suceden pero que nosotros no quisimos que sucedieran. Los accidentes y los errores no son pecados ya que nosotros no elegimos que sucedieran. Elegir hacer algo que sabemos está mal o es malo es un pecado porque lo hacemos a propósito, deliberadamente. Todos sabemos la diferencia que existe entre tropezar con alguien por accidente y empujarlo al suelo a propósito. Accidentes . . . errores . . . pecados . . . veamos si sabemos la diferencia.

(Ofrézcales ejemplos de cada uno y pídales a los niños que digan si son ejemplo de error, accidente o de pecado. A continuación, usando la siguiente información, repase los elementos del pecado).

- Un pecado es una decisión que tomamos que no está basada en el amor o una acción que hacemos que sabemos que está mal.
- Un pecado es algo que hacemos a propósito, deliberadamente.
- Un pecado daña nuestra relación con Dios.

Dios nos ha dado el sacramento de la Reconciliación para que podamos recibir el perdón de nuestros pecados. En la próxima sesión hablaremos más acerca de las decisiones que tomamos.

(Opción: Si van a tener un descanso, invite a los participantes a algún refrigerio para que coman o tomen algo. Indíqueles cuándo y cómo regresar para la siguiente sesión).

Sesión 3: Las decisiones que tomamos

Objetivos

En esta sesión los padres y sus hijos:

- Conversarán acerca de situaciones de la vida real y de las decisiones que toma la gente.
- Conversarán acerca de las consecuencias de tomar decisiones que no están basadas en el amor.
- Dialogarán acerca de diferentes maneras de demostrar que estamos arrepentidos y de cómo podemos demostrar a otras personas que las perdonamos.

Materiales necesarios

- Fotocopias de "Las decisiones que tomamos". Haga una copia por familia. (El original se encuentra en el CD de recursos para el director del programa).
- Atril y micrófono, si son necesarios.
- Pizarrón y gis (o su equivalente).

Preparación inmediata

- Prepare un salón en donde se puedan reunir todos los participantes. Si es necesario, coloque un micrófono para el coordinador de la sesión.
- Organice el salón de tal manera que luego se puedan mover las sillas para crear grupos pequeños para el diálogo.

Horario sugerido

- Introducción e instrucciones (5 minutos).
- Diálogo en grupos pequeños: Tomando decisiones (15 minutos).
- Diálogo en grupos pequeños: Buscando el perdón (15 minutos).
- Informes de los grupos pequeños (15 minutos).

Introducción e instrucciones

A lo largo del día tomamos muchas decisiones. A veces tomamos buenas decisiones. Otras veces no lo hacemos. Durante esta sesión vamos a platicar acerca de situaciones de la vida real que podrían ocurrir en la casa o en la escuela. En cada una de estas situaciones uno de los personajes de la historia toma una decisión que no está basada en el amor.

(Reparta las fotocopias de "Las decisiones que tomamos" y explique las instrucciones. Indíqueles que esta conversación tiene dos partes y que usted les indicará cuándo comenzar la segunda parte).

Diálogo en grupos pequeños

Conversación 1: Tomando decisiones

(Haga que los miembros del equipo caminen por el salón, ofreciendo ayuda a los grupos si es necesario. Una vez transcurridos diez minutos, pida a los grupos que comiencen a dialogar acerca de la segunda parte).

Conversación 2: Buscando el perdón

(Asegúrese que los miembros del equipo continúan ofreciendo ayuda a los grupos. Una vez transcurridos cinco minutos, o cuando parezca que los grupos han terminado de dialogar, pida a los participantes que muevan las sillas para que todas queden mirando hacia el frente del salón).

Informes de los grupos pequeños

Conversación 1: Tomando decisiones

(Repase cada una de las situaciones descritas en la fotocopia y pregúnteles a los grupos qué respondieron a las preguntas).

- ¿Quién hizo algo mal/malo en la historia?
- ¿Qué hizo esta persona que estaba mal?
- ¿Fue esta acción o decisión un pecado? Expliquen.
- ¿Qué puede hacer la persona de la historia para arreglar la situación?

Conversación 2: Buscando el perdón

(Pídales a los participantes que describan cómo demuestran a otras personas que están arrepentidos. Escriba sus respuestas en el pizarrón. A continuación, pídales que digan qué podemos hacer para que otra persona sepa que de verdad la hemos perdonado. Escriba las respuestas en el pizarrón. Esté atento a respuestas que incluyan los conceptos: palabra, oración, acción).

Miren todas las maneras mediante las que podemos demostrar que estamos arrepentidos de haber tomado una decisión que no estaba basada en el amor:

- Con Palabras: Podemos decir "Lo siento", "Perdón".
- En oración: Podemos pedir a Dios que nos ayude a tomar buenas decisiones basadas en el amor.
- Con acciones: Podemos hacer algo para reparar el mal hecho.

Cada una de estas cosas —palabras, oración y acciones— es parte del sacramento de la Reconciliación. En la última sesión de nuestro retiro platicaremos detalladamente acerca de la manera en la que celebramos el sacramento de la Reconciliación.

Sesión 4: Rito y ritual

Objetivos

En esta sesión los padres y sus hijos:

- Repasarán cómo celebramos el sacramento de la Reconciliación.
- Aprenderán las diferentes partes del Rito de la Reconciliación.
- Celebrarán juntos un sencillo ritual y oración de reconciliación.

Materiales necesarios

- Segmento "El confesionario", de cuatro minutos de duración, del "Paseo por la iglesia" (del DVD *Vengan y verán*). Reproductor de DVD y televisión o pantalla.
- Objetos para recrear en el salón una capilla de la Reconciliación (algunos de los objetos pueden ser sillas, una Biblia, una mesita, una rejilla, una planta, etcétera).
- Fotocopias de "Rito de la Reconciliación: Sociodrama" (el original se encuentra en el CD de recursos para el director del programa).
- Fotocopias de "Ritual del perdón para padres de familia y sus hijos" (el original se encuentra en el CD de recursos para el director del programa). Haga una fotocopia por familia.
- Reproductor de CDs y música instrumental (número 4 del CD de *La Reconciliación: don de Dios*).

Preparación inmediata

- Prepare un salón con lo necesario para proyectar el segmento "El confesionario", del DVD *Vengan y verán*.
- Organice una parte del salón para que parezca una capilla de la Reconciliación.
- Organice una parte del salón para que los padres y sus hijos se puedan reunir por separado y llevar a cabo sus propias oraciones y rituales de la reconciliación. Quizás quiera usar la iglesia para esta parte de la sesión.

Horario sugerido

- Introducción y repaso de la Reconciliación (15 minutos).
- Ritual de la reconciliación para padres e hijos (10 minutos).
- Oración final (5 minutos).

Introducción

(Explique los planes para la celebración de la Primera Reconciliación de los niños. Si ésta no se llevará a cabo como parte de una celebración comunitaria, entonces modifique esta presentación como crea oportuno).

Niños, pronto ustedes celebrarán el sacramento de la Reconciliación por primera vez. Repasemos juntos qué haremos ese día.

Cuando vengan a celebrar el sacramento, todos nos reuniremos en la iglesia. Nuestra celebración comenzará con un canto y una oración. A continuación escucharemos una lectura tomada de la Biblia. Después de la lectura, el sacerdote nos hablará del amor y del perdón de Dios. Después de que el padre nos hable, haremos el examen de conciencia. Dedicaremos algo de tiempo a la oración personal y a reflexionar y preguntarnos a nosotros mismos qué tanto hemos cumplido las reglas de Dios y así decidir qué es lo que le vamos a contar al sacerdote. Cuando sepamos en nuestro corazón que de verdad queremos tomar mejores decisiones en nuestra vida, decisiones basadas en el amor, entonces estaremos preparados para celebrar el sacramento de la Reconciliación. Veamos qué es lo que entonces sucederá.

(Haga lo siguiente para explicarles lo que tiene lugar cuando celebramos el sacramento de la Reconciliación).

- Proyecte el segmento "El confesionario", del DVD *Vengan y verán.*
- Haga una demostración del sacramento de la Reconciliación usando el guión "Rito de la Reconciliación: Sociodrama" (que encontrará en el CD de recursos para el director del programa).

(Dedique algo de tiempo a preguntas y comentarios).

Unos minutos antes platicamos acerca de diferentes maneras mediante las que podemos demostrar que estamos arrepentidos de haber tomado decisiones que no estaban basadas en el amor. ¿Se acuerdan de las tres maneras con las que podemos decir a otra persona que estamos arrepentidos?

- Con Palabras: Podemos decir "Lo siento", "Perdón".
- En oración: Podemos pedir a Dios que nos ayude a tomar buenas decisiones basadas en el amor.
- Con acciones: Podemos hacer algo para reparar el mal hecho.

Palabras, oración y acciones. Estos son elementos del sacramento de la Reconciliación. También son parte de nuestra vida diaria. Cuando nos perdonamos mutuamente estamos experimentando el amor y la alegría que conlleva la reconciliación. Durante esta última parte de nuestro retiro, todos ustedes —padres e hijos— tendrán la oportunidad de orar juntos y celebrar los dones del perdón y del amor.

Ritual del perdón para padres de familia y sus hijos

(Este ritual resulta más eficaz si se celebra en la iglesia. Si esto no es posible, entonces elija un lugar que permita que los participantes se distribuyan de tal manera que los padres puedan hablar en privado con sus hijos. Antes de dividirse por familias en la iglesia o en el salón, dé instrucciones y reparta fotocopias de "Ritual del perdón para padres de familia y sus hijos". Reproduzca música instrumental mientras padres e hijos buscan un lugar donde compartir el ritual de la reconciliación. Mantenga la música hasta que finalicen el ritual).

El sacramento de la Reconciliación celebra los dones del amor y del perdón de Dios y nos recuerda que Dios nos pide que amemos y perdonemos cada día. Les invitamos a que dediquen este tiempo a celebrar juntos los dones del perdón y del amor que comparten como padres e hijos.

(Cuando todas hayan terminado, apague la música y guíe al grupo en la oración final).

Oración final

GUÍA: Antes de marchar, levantemos nuestro corazón agradecido a Dios. Por favor, respondan diciendo "Te damos gracias, Señor".

Por tu amor infinito . . .

TODOS: Te damos gracias, Señor.

GUÍA: Por tu perdón . . .

TODOS: Te damos gracias, Señor.

GUÍA: Por la alegría de estos niños . . .

TODOS: Te damos gracias, Señor.

GUÍA: Por el amor de estos padres . . .

TODOS: Te damos gracias, Señor.

GUÍA: Por este día que hemos celebrado juntos . . .

TODOS: Te damos gracias, Señor.

GUÍA: Dios, tú eres fuente de todo amor.
Al terminar nuestro retiro,
te pedimos que nos bendigas y nos mantengas cerca de ti.
Guíanos con tu Espíritu.
Te pedimos que podamos vivir como vivió tu Hijo,
compartiendo tu alegría y tu amor con quienes nos encontremos.
Te lo pedimos por Jesucristo, tu Hijo y nuestro Señor.

TODOS: Amén.

GUÍA: Muchas gracias por haber venido y participado con nosotros en este retiro de la Reconciliación. Esperamos que hayan disfrutado. Para nosotros ha sido algo muy especial el poder haber compartido esta experiencia con todos ustedes.

Celebrando la Primera Reconciliación

El sacramento de la Reconciliación se puede celebrar según el rito individual o el rito comunitario. Decida, junto con el personal de la parroquia, cuál de los dos responde a las necesidades de su parroquia y será el que celebrarán.

Rito individual para la celebración de la Primera Reconciliación

Si los niños van a celebrar su Primera Reconciliación usando el rito individual, entonces dé a las familias información que incluya el horario o una lista con las horas en las que los sacerdotes estarán disponibles.

Rito comunitario con confesión individual para la celebración de la Primera Reconciliación

Durante esta celebración los padres y familiares generalmente también están invitados a recibir el sacramento. Sugiera otras maneras de participar en el sacramento para los familiares que no son católicos o para quienes decidan no celebrar el sacramento en esta ocasión. Colabore con el liturgista y los sacerdotes de su parroquia para elegir la fecha y hora, y planificar la celebración. Asegúrese de que habrá suficientes sacerdotes para escuchar las confesiones.

Si el grupo de niños que va a celebrar la Primera Reconciliación es muy numeroso, entonces quizás quiera planificar un rito comunitario en el que se invite sólo a los niños a celebrar la confesión individual. Asegúrese de que habrá suficientes sacerdotes para escuchar las confesiones. Anime a los padres y familiares a estar presentes y participar, incluso si no van a recibir el sacramento en esta ocasión.

Primera Reconciliación durante una celebración comunitaria de la Reconciliación para toda la parroquia

Los niños también pueden celebrar su Primera Reconciliación durante una celebración comunitaria de la Reconciliación dirigida a toda la parroquia. Anuncie la fecha con suficiente antelación y planifique cómo participarán los niños en esta celebración. Elija un día y hora que sea conveniente para los niños y sus familias. Avise a los sacerdotes que van a escuchar las confesiones de que ésta será para algunos niños la primera vez que celebran el sacramento de la Reconciliación. Consulte el Rito de la Penitencia para encontrar oraciones, lecturas bíblicas y directrices para la celebración del sacramento de la Reconciliación.

3ª PARTE

El sacramento de la Eucaristía

3ª PARTE
Índice

El sacramento de
la Eucaristía

Teología e historia del sacramento de la Reconciliación

El sacramento de la Eucaristía completa la iniciación cristiana y nos une a Cristo y a la Iglesia. Los obispos que participaron en el Concilio Vaticano II, haciendo hincapié en la importancia central de este sacramento, hablaron de la Eucaristía como la "fuente y cima de toda vida cristiana" (*Lumen Gentium* 11).

Jesús dio a la Iglesia la Eucaristía durante la Última Cena, cuando se ofreció a sí mismo a los discípulos bajo las especies del pan y el vino. Las palabras y acciones de Jesús anticiparon su sacrificio en la cruz para la salvación de todos. Con esta nueva alianza, sellada con su sangre, Jesús une a toda la familia humana con Dios. Durante la Última Cena, Jesús dijo a sus discípulos: "Hagan esto en memoria mía".

Los discípulos, después de la Resurrección de Jesús, obedecieron mandato reuniéndose en nombre de Jesús para partir el pan. Los Hechos de los Apóstoles y las epístolas de san Pablo describen estas reuniones como una de las primeras acciones que realizó la comunidad cristiana. Durante estas reuniones, escuchaban la proclamación del Evangelio y compartían el pan. Durante estas reuniones los discípulos se dieron cuenta de la presencia y acción del Espíritu Santo en sus vidas y fueron fortalecidos para dar testimonio de Jesús. La Iglesia se formó gracias a la Eucaristía.

La palabra Eucaristía proviene de una palabra griega que significa "dar gracias". La misa, nuestro acto de culto central, es una oración de acción de gracias. Damos gracias a Dios y lo alabamos cuando ofrecemos los dones del pan y el vino, símbolos de todo lo que Dios nos ha dado. Durante la consagración, mediante el poder del Espíritu Santo y las palabras y acciones del sacerdote, el pan y el vino se convierten en el Cuerpo y la Sangre de Cristo. Aunque la apariencia del pan y el vino no cambian, sus substancias se transforman en el Cuerpo y la Sangre de Cristo resucitado. La Iglesia denomina esto transubstanciación. El Cuerpo y la Sangre, junto con el alma y la divinidad de Jesucristo, están verdadera y substancialmente presentes en las especies del pan y el vino. Esta presencia se denomina presencia real o verdadera. Al recibir la Eucaristía somos transformados mediante la gracia del sacramento y nos convertimos en signos de la presencia de Cristo en el mundo.

Cuando celebramos la Eucaristía, honramos el mandato de Jesús, quien nos dijo: "Hagan esto en memoria mía". La Eucaristía es un memorial de la Última Cena. La Eucaristía, como memorial, es más que un simple recordatorio de acontecimientos pasados. La Eucaristía hace verdaderamente presente el sacrificio de Jesús en la cruz, ofrecido por todos los hombres una sola vez y para siempre.

Sabemos por la fe que la gracia de los sacramentos es efectiva en nuestra vida. Mediante la gracia del sacramento de la Eucaristía nuestros pecados veniales nos son perdonados y nos preserva de futuros pecados mortales. La Eucaristía nos ayuda a reconocer el rostro de Cristo en los necesitados, nos fortalece en nuestro compromiso con los pobres y nos hace uno en Cristo. Nuestra comunión con Cristo nos une a la Iglesia a través del tiempo, lugar y la eternidad (*Catecismo de la Iglesia católica,* 1391–1405).

Celebramos la Eucaristía, don de Dios

Santificamos el día del Señor y nos reunimos para la celebrar la Eucaristía como comunidad de fe. El Orden de la misa es el siguiente:

Ritos Iniciales

Nos reunimos en nombre de Jesús para alabar y dar gracias a Dios.

Sabemos por la fe que Cristo está presente en la comunidad que se reúne y en la persona del sacerdote. Los Ritos iniciales incluyen un canto inicial, un saludo, el Acto penitencial, el Kyrie, el Gloria y la oración inicial.

Liturgia de la Palabra

Celebramos a Cristo presente en la proclamación de su Palabra en la Sagrada Escritura.

Dejamos que la Palabra de Dios nos llegue al corazón de manera que podamos vivirla diariamente. Respondemos recitando el Credo, profesando todo aquello en lo que creemos. A continuación ofrecemos nuestras necesidades a Dios mediante las oraciones de los fieles o plegaria universal.

Liturgia de la Eucaristía

Celebramos la presencia Eucarística de Cristo.

Ofrecemos los dones del pan y el vino para dar gracias por todas las bendiciones que nos otorga Dios. Estos dones simbolizan el ofrecimiento a Dios de nuestra vida. Durante la Consagración el pan y el vino se convierten en el Cuerpo y la Sangre de nuestro Señor Jesucristo. Recitamos el Padrenuestro unidos ante Dios como una sola familia. Al recibir la Sagrada Comunión somos fortalecidos por la gracia de Dios para poder vivir como discípulos de Jesús.

Rito de Conclusión

Oramos pidiendo la bendición de Dios.

Transformados por la Eucaristía, somos enviados a amar y servir al Señor. Jesucristo continúa estando presente en nosotros y nos ayuda a llevar su amor y paz a los demás.

Señales de que se está preparado

La catequesis para el sacramento de la Eucaristía comienza en el hogar, cuando los niños aprenden de la familia los valores de lo que significa pertenecer y comienzan a confiar en la presencia de Dios en nuestra vida. La participación de la familia en la celebración de la Eucaristía dominical pone de manifiesto su relación con la parroquia y la comunidad eclesial y fortalece su vida de fe. La catequesis formal para su Primera Comunión se basa en estos cimientos y anima a los niños a participar en la misa en la manera que les sea posible.

Los padres de familia, párrocos y líderes catequéticos determinan juntos si un niño está listo para prepararse y celebrar por primera vez el sacramento de la Eucaristía. Un niño que está preparado para celebrar su Primera Eucaristía:

- Demuestra que tiene conocimientos, en el grado que le sea posible, de Cristo y del Misterio Pascual.
- Reconoce que la Eucaristía es diferente de un alimento ordinario.
- Sabe cómo recibir reverentemente el Cuerpo y la Sangre de Cristo.
- Se ha preparado y celebrado el sacramento de la Reconciliación. (*Código de derecho canónico* #913, #914; *Directorio nacional para la catequesis* 36.B.2, p. 149).

Reunión de padres sobre el sacramento de la Eucaristía

La Primera Comunión de un niño es una importante celebración familiar y una oportunidad para que todos los miembros de la familia reflexionen acerca de sus experiencias de la Iglesia y renueven su aprecio por el don de la Eucaristía. Para algunas familias incluso puede ser una ocasión para autoexaminarse y volver a practicar la fe.

Esta reunión ofrece a los padres de familia una oportunidad para profundizar en su entendimiento del poder transformador de la Eucaristía y de la necesidad que tienen de la gracia de este sacramento. Esta reunión también ayudará a los padres de familia a articular lo que esperan de sus hijos en el área de su relación continua con Dios y a reconocer las diferentes maneras con las que ya están ayudando a sus hijos a apreciar el don de la fe.

Tema

En la Eucaristía estamos invitados a un encuentro con Jesucristo. Cuando respondemos a esta invitación somos transformados y enviados a servir con amor a los demás.

Retiro de tres minutos

Al comenzar a prepararse para la reunión de padres de familia, deténgase un momento y ponga atención a su respiración. Respire profundamente varias veces. Sea consciente de la presencia amorosa de Dios en su interior.

Lucas 24:15–16,28–32

. . . Jesús en persona los alcanzó y se puso a caminar con ellos. Pero ellos tenían los ojos incapacitados para reconocerlo.

Se acercaban al pueblo adonde se dirigían, y él hizo ademán de seguir adelante. Pero ellos le insistieron: "Quédate con nosotros, que se hace tarde y el día se acaba". Entró para quedarse con ellos; y, mientras estaba con ellos a la mesa, tomó el pan, lo bendijo, lo partió y se lo dio. Entonces se les abrieron los ojos y lo reconocieron. Pero él desapareció de su vista. Se dijeron uno al otro: "¿No sentíamos arder nuestro corazón mientras nos hablaba por el camino y nos explicaba la Escritura?".

Reflexión

Los discípulos de camino a Emaús, aunque habían escuchado que Jesús había resucitado de entre los muertos, no se lo creían. Estos dos discípulos aprendieron, durante este encuentro aparentemente fortuito con un desconocido, cómo ver las Sagradas Escrituras de una forma nueva. Al terminar la jornada, invitaron al desconocido a cenar con ellos. Cuando el forastero partió el pan, los discípulos reconocieron en él a Jesús. Se les abrieron los ojos y sus vidas cambiaron para siempre. También nuestra vida es transformada mediante nuestro encuentro con Jesús en la Eucaristía.

Pregunta

¿Cómo ha cambiado mi encuentro eucarístico con Jesucristo mi vida?

Oración

Jesús, tú eres mi compañero de camino. Te pido que hoy, mientras camino contigo, transformes mi vida con tu presencia amorosa.

Contexto para el líder

Véase "Teología e historia del sacramento de la Eucaristía", en las páginas 53–55 de esta *Guía para el director del programa*.

Presentación sobre la Eucaristía

Objetivos

Al terminar esta reunión los participantes serán capaces de:

* Reconocer la relación que existe entre las comidas que compartió Jesús, descritas en los Evangelios, y nuestro encuentro con Jesucristo en la Eucaristía.
* Apreciar la Eucaristía como un encuentro con Jesús que nos transforma.
* Identificar cómo las familias pueden participar más plenamente durante este período de preparación para este sacramento.

Horario

Participa (15 minutos)
Explora (25 minutos)
Reflexiona (5 minutos)
Responde (15 minutos)

Con antelación

* Envíe a los padres la carta de invitación (vea el ejemplo que se le ofrece en el CD de recursos para el director del programa).
* Entregue a la persona encargada del boletín parroquial el anuncio de la reunión al menos dos semanas antes de que esta vaya a tener lugar para que sea publicado (vea el ejemplo que se le ofrece en el CD de recursos para el director del programa).

- Invite al personal parroquial y a otros feligreses a dar la bienvenida a los padres de familia.
- Pida a dos personas que presenten la reflexión "De camino a Emaús" durante la oración inicial. Ensayen la reflexión con antelación. El guión para la reflexión se encuentra en el CD de recursos para el director del programa.
- Haga las fotocopias necesarias (originales incluidos en el CD de recursos).

Antes e comenzar

- Organice un Centro de oración en su lugar de reunión.
- Organice, si es necesario, un área para ofrecer un refrigerio.

Materiales necesarios

- Objetos para el Centro de oración: Biblia, cruz, objetos que simbolicen la Eucaristía (tales como un pan y una copa de vino), una veladora (asegúrese de tener en cuenta las ordenanzas municipales en materia de incendios).
- Gafetes para escribir los nombres de los participantes.
- Materiales para escribir.
- Fotocopias de "Guía para el diálogo en grupos pequeños: Celebrando la Eucaristía" y "Preparación para la Primera Eucaristía: Calendario del programa" (originales incluidos en el CD de recursos para el director del programa).

Recursos necesarios

- Ejemplares del libro del estudiante: *La Eucaristía: don de Dios* y de *Mi libro de la misa*. Asegúrese de tener suficientes copias para que las puedan ojear los padres de familia.
- Ejemplares de la guía familiar: *Juntos: Preparándose en casa par la Primera Eucaristía*. Si las va a distribuir a cada familia, asegúrese de tener copias suficientes.

Esquema de la reunión

Participa

(Dé la bienvenida a los participantes. Preséntese al grupo y presente también a los catequistas, voluntarios y a cualquier otro miembro del personal parroquial que esté presente. Explique brevemente en qué va a consistir esta reunión usando el texto que sigue a continuación como guía).

Al comenzar estas semanas de preparación de sus hijos para la primera recepción de la Eucaristía, reflexionemos sobre cómo este sacramento afecta nuestra vida. En la Eucaristía recibimos el mayor de los dones: a Jesucristo. Reflexionaremos sobre esto mientras oramos juntos y conversamos.

En unos momentos les pediremos que se presenten a quien esté sentado a su lado y que conversen durante unos minutos acerca de cómo son de diferentes las comidas que celebramos en familia los días de fiesta de las comidas de entre semana. Antes de comenzar, piensen en silencio acerca de sus experiencias familiares *(Pausa).*

Ahora les invito a que se presente a otra persona y a que conversen brevemente acerca de las diferencias que existen entre las comidas en familia los días de fiesta y los días ordinarios.

(Deles unos minutos para que dialoguen. Continúe la sesión una vez concluido este período de tiempo).

Mediante las comidas que compartimos, sean estas ordinarias o para una celebración especial, los lazos familiares y entre amigos se fortalecen. En la oración de hoy escucharemos la historia del Evangelio que nos narra el encuentro de dos discípulos con Jesús y la comida que compartieron. Esa comida comenzó como cualquier otra pero tuvo un final sorprendente. Les invito a escuchar esta lectura y después a Cleofás, quien reflexiona acerca de sus experiencias con Jesús.

(Dos lectores presentan la reflexión usando el guión "De camino a Emaús").

GUÍA: Oremos al Señor. Dios, fuente de toda gracia, nosotros también te reconocemos al partir el pan durante nuestras celebraciones Eucarísticas. Tú nos alimentas y sostienes con todo aquello que es bueno y, a cambio, nos pides que compartamos tus dones con los demás. Te pedimos que estés con nosotros hoy, mientras reflexionamos acerca de cómo tú nos cuidas y nos invitas a actuar con justicia. Te lo pedimos por Cristo, nuestro Señor.

TODOS: Amén.

Explora

Los Evangelios contienen muchas historias que narran comidas que Jesús compartió con sus amigos y sus seguidores. En estas historias vemos cómo la vida de las personas cambió a causa de su encuentro con Jesús. El reflexionar acerca de estas historias de comidas nos puede ayudar a apreciar más nuestra celebración de la Eucaristía. En la historia de los discípulos que iban de camino a Emaús aprendemos que las comidas eran un aspecto central del recuerdo que los discípulos tenían de Jesús.

Durante la misa el sacerdote reconoce que incluso nuestro deseo de conocer a Dios es un don de Dios, así como una invitación que nos hace. Por esto, la experiencia de ser invitados —invitados a compartir esta comida de pan y vino, el Cuerpo y la Sangre de Cristo— es algo central en la Eucaristía. Dios nos invita y nosotros respondemos.

Consideremos las tres narraciones evangélicas que "Cleofás" describió: la historia de cómo Jesús se autoinvitó a cenar a casa de Zaqueo, la historia de los invitados al banquete y la narración de la Última Cena. Al reflexionar sobre estas historias, prestemos atención a lo que nos están diciendo acerca de nuestro propio encuentro con Jesús en la Eucaristía.

La historia de Zaqueo deja muy clara la importancia de aceptar la invitación a compartir una comida con Jesús. Recuerden que Zaqueo es un recaudador de impuestos a quien muchos no gustaba. De repente, decide que quiere ver a ese Jesús de quien habla la gente. A medida que Jesús se acerca, Zaqueo se emociona más. Justo cuando Jesús va a pasar por donde estaba Zaqueo, Jesús levanta la vista, lo mira y le dice: "Zaqueo, baja rápido, pues hoy debo quedarme en tu casa". Ahí está la invitación. Zaqueo le responde bajando rápidamente del árbol y recibiendo a Jesús con alegría. ¡La rápida respuesta de Zaqueo es un sólido "sí" a la invitación de Jesús!

Pero mucho más que un simple "sí" es la transformación que Zaqueo experimentó en su corazón. Entrega la mitad de sus posesiones a los pobres y devuelve por cuadriplicado el dinero que había robado engañando a la gente. Esta dinámica de invitación-respuesta es algo arriesgado. Demanda una transformación. Zaqueo la experimentó, como también le sucedió a Cleofás de camino a Emaús. "¿No ardían nuestros corazones . . . ?" Esas son las palabras de quien ha escuchado la invitación y respondido a ella abriendo su corazón.

☑ **Consejos para el diálogo en grupos pequeños**

- Limite de cinco a siete el número de personas en cada grupo.

- Haga que cada grupo se siente entorno a una mesa o hagan un círculo con las sillas.

- Asegúrese de que hay distancia suficiente entre cada grupo para que se centren en su diálogo y no se distraigan.

- Avise a los grupos cuando queden dos minutos para terminar la conversación.

La historia de la Sagrada Escritura sobre los invitados al banquete también deja claro que las invitaciones exigen respuestas. A veces el aceptar una invitación es un reto. "He comprado un buey", dijo uno. "Me acabo de casar", dijo otro. Cada uno de los invitados tiene una excusa que surge de las presiones y exigencias de la vida, ¡presiones y exigencias que bien conocemos todos! Pero nuestra respuesta a Dios no puede ser relegada a un segundo plano o ignorada. La invitación está ahí y debemos responder. Una respuesta como "No puedo aceptar la invitación" es algo inimaginable cuando la fe es el centro de quien somos y de cómo vivimos.

El relato de la Última Cena es el que ilustra más claramente el deseo de Jesús de estar con nosotros. Jesús nos invita a recibir su propio Cuerpo y Sangre en las especies del pan y el vino. Las historias del Nuevo Testamento describen cómo respondieron los seguidores de Jesús a su invitación. Tras su muerte y Resurrección los seguidores de Jesús se reunían. Siguieron las palabras de Jesús, partieron pan y compartieron el cáliz: recibieron la Eucaristía. Sus vidas se transformaron al recordar a Jesús en aquellas comidas.

Nuestra participación en la Eucaristía es nuestra respuesta a la invitación que Jesús hizo durante la Última Cena. Es señal de nuestro deseo de unirnos a Dios. Es también fuente de gracia que nos fortalece para vivir en unión con Dios. La dinámica invitación-respuesta es un aspecto central de las comidas que Jesús compartió con los demás. También es un aspecto central de la Eucaristía.

Teniendo esto en mente, los invito a que se junten en grupos para dialogar acerca de algunas de las cosas de las que hemos estado hablando. Tendrán 15 minutos para conversar.

(Reparta las fotocopias de "Guía para el diálogo en grupos pequeños: Celebrado la Eucaristía". Dígales que usen como guía para el diálogo las preguntas de las fotocopias. Explíqueles cómo dividirse en grupos. Al terminar el período de diálogo, responda a cualquier pregunta o comentario que puedan tener los grupos).

Reflexiona

Antes de continuar hablando de la preparación para la Primera Eucaristía de sus hijos, oremos juntos a Dios.

GUÍA: Durante la misa oramos la oración que Jesús enseñó a sus seguidores. Al orar el Padrenuestro, afirmamos nuestra esperanza de que la voluntad y el reino de Dios se harán realidad en nuestra vida. Si queremos que eso sea algo más que un deseo sin fundamento, entonces debemos aceptar la llamada que nos hace la Eucaristía de ir al mundo y servir a Dios y a los demás. Tengamos esto presente mientras oramos juntos la oración que Jesús nos enseñó:

TODOS: Padre nuestro . . . Amén.

Responde

Veamos ahora algunos de los aspectos específicos del programa de preparación y celebración de la Primera Eucaristía de nuestra parroquia.

(Presente un resumen del programa de preparación infantil para el sacramento de la Reconciliación y dígales las expectativas que tiene su parroquia al respecto.

- *Muéstreles los materiales que se usarán en el programa. Enséñeles copias de los libros de los niños* La Eucaristía: don de Dios *y* Mi libro de la misa. *Tenga algunas copias disponibles para que los padres de familia las puedan ojear.*
- *Entrégueles la guía familiar* Juntos: Preparándose en casa para la Primera Eucaristía. *Explíqueles cómo usar en casa estas guías familiares. Mencióneles otros materiales y recursos adicionales dirigidos a familias que pueden encontrar en la página digital del programa www.loyolapress.com/godsgift.*
- *Distribuya fotocopias de* "Preparación para la Primera Eucaristía: Calendario del programa". *Dialoguen sobre su contenido. Explíqueles qué expectativas tienen de quienes participan en el programa, incluyendo los retiros y ensayos.*
- *Dedique algo de tiempo a preguntas y comentarios).*

Muchas gracias por haber venido. Sabemos que están muy ocupados y les agradecemos que hayan participado en esta reunión. No duden en ponerse en contacto con nosotros si necesitan cualquier cosa mientras se preparan, junto con sus hijos, para el sacramento de la Eucaristía. Estamos aquí para ayudarlos. Llámennos si tienen preguntas, comentarios o sugerencias.

Retiro de la Primera Eucaristía

Un retiro antes de celebrar la Primera Eucaristía puede ser uno de los puntos más destacados del programa de preparación sacramental de su parroquia. Un retiro de estas características ofrece a hijos y padres una oportunidad para relacionarse de manera significativa entre ellos y con las demás familias de la parroquia. Las actividades del retiro han sido diseñadas para ayudar a padres e hijos a aprender y crecer en la fe.

El retiro está organizado en cinco sesiones. Cada sesión tiene sus propios objetivos, materiales, fotocopias, instrucciones sobre cómo preparar el lugar de reunión, estructura y horario. Esto le ofrece flexibilidad a la hora de llevar a cabo el retiro. Por ejemplo, si no puede ofrecer el retiro tal y como se lo proponemos, entonces tiene la opción de modificar una o más de las sesiones; o si no quiere ofrecer todas las sesiones, entonces puede elegir sólo aquellas que crea que tendrán el mayor sentido para sus familias.

Preste atención a los siguientes detalles para poder crear un ambiente de hospitalidad:

- Decida con bastante antelación la fecha del retiro. Inclúyala en el calendario del programa para mostrar que es parte integral del programa de preparación para la Primera Eucaristía.

- Si el grupo es muy grande, considere implementar la siguiente sugerencia: Lleve a cabo la Sesión 1 con todo el grupo. En los gafetes de los niños pegue una calcomanía o escriba una marca para que luego se puedan dividir en tres grupos diferentes y rotar durante la Sesiones 2, 3 y 4 (Por ejemplo: Grupo 1 participa en las Sesiones 2, 3 y 4 en este orden; Grupo 2 participa en Sesiones 3, 4 y 2 en este orden; y el Grupo 3 sigue el siguiente orden: Sesiones 4, 2 y 3). Al terminar cada sesión, indique a cada familia que pase a la siguiente sesión que les toque. Repita las sesiones tantas veces como sea necesario. Termine el retiro reuniendo a todas las familias para realizar juntos la Sesión 5.

- Pídale al personal de la parroquia que esté disponible el día del retiro para dar la bienvenida a las familias.

- Invite a feligreses a ofrecerse voluntarios para ayudar durante el retiro. Asegúrese de que los voluntarios participen con antelación en la preparación del retiro junto con el resto del equipo.

- Demuestre respeto hacia las familias que van a participar teniendo todo organizado y siguiendo el horario y calendario previstos. Asegúrese de ofrecer un descanso durante el retiro. De ser posible, organice un refrigerio durante el descanso, con bebidas y/o comida para compartir.

Preparación del líder

Prepárese para guiar este retiro reflexionando sobre el significado del sacramento de la Eucaristía y lo que espera del retiro. Dedique tiempo, en privado o con el equipo que coordinará el retiro, para meditar acerca de los temas que se presentarán y el significado que estos tienen para usted y para aquellos a quien sirve.

Retiro de tres minutos

Antes de comenzar, deténgase un momento y ponga atención a su respiración. Respire profundamente varias veces. Sea consciente de la presencia amorosa de Dios en su interior. Piense en cómo celebramos en los sacramentos, el amor y presencia de Dios en nuestra vida. Piense en las familias cuyos hijos se están preparando para celebrar el sacramento de la Eucaristía. Ofrézcaselos a Dios en su oración.

Juan 6:1–14

Lea el relato de Juan del milagro de los panes y los pescados. Reflexione sobre él. Esta lectura bíblica será parte de la oración final de este retiro.

Reflexión

Elija una frase o imagen de la historia. Reflexione en silencio sobre ella. Imagínese a usted mismo reuniéndose con su familia para escuchar las palabras de Jesús. Imagínese a usted mismo sentado en la ladera de la montaña, observando cómo los discípulos de Jesús distribuyen la comida a la multitud. ¿En qué piensa cuando ve los doce canastos llenos de sobras de comida?

Preguntas

¿Qué retos me ofrece esta historia? ¿Cómo me está llamando a cambiar y crecer?

La Sagrada Escritura y la Tradición

La historia de Jesús alimentando a más de 5,000 hombres, mujeres y niños es el único milagro de Jesús que aparece en los cuatro Evangelios. Jesús toma lo poco que le ofrece el muchacho, le da gracias a Dios y lo comparte. La bendición y el compartir hacen que haya abundancia, hasta el punto de que sobran doce canastos llenos de sobras.

Nosotros, al igual que el muchacho con los pocos panes y pescados, estamos llamados a dar: no sólo lo que nos sobra, sino de lo que necesitamos. Como deja claro la Biblia, el resultado de dar de esta manera será la abundancia. Este concepto de abundancia es algo central de la Eucaristía. Recibimos el amor abundante de Dios expresado en Jesús y somos enviados a compartir ese amor con los demás.

Presentación del retiro de la Reconciliación

Tema

En la Eucaristía recibimos el don de Jesucristo. Nuestra respuesta es la de amar y servir a los demás.

Objetivos

Participar en este retiro:

- Fortalecerá el sentido de comunidad entre las familias cuyos hijos se están preparando para la Primera Eucaristía.
- Ayudará a los participantes a entender el significado del ofrecimiento del pan y el vino.
- Ayudará a las familias a entender que de la Eucaristía somos enviados a amar y servir a los demás.

Horario

Este retiro debería durar alrededor de 3½ horas. Las sesiones están diseñadas para seguir el siguiente orden:

- Sesión 1: Bienvenida, oración inicial y reflexión (30 minutos).
- Sesión 2: Crear estandartes (45 minutos).
- Sesión 3: Explorando un espacio sagrado (45 minutos).
- Descanso (opcional): Refrigerio (15 minutos).
- Sesión 4: Recibiendo la Sagrada Comunión (45 minutos).
- Sesión 5: Ser enviados (30 minutos).

Con antelación

- Elija los lugares donde se celebrará cada sesión.
- Organice un equipo para coordinar el retiro y reúnase con ellos. Use la "Hoja de planificación: Retiro de la Primera Eucaristía" (incluida en el CD de recursos para el director del programa) para asignar responsabilidades. Asegúrese de ensayar con antelación cada sesión.
- Entregue a la persona encargada del boletín parroquial el anuncio del retiro al menos dos semanas antes de que esta vaya a tener lugar para que sea publicado (vea el ejemplo que se le ofrece en el CD de recursos para el director del programa).
- Haga las fotocopias necesarias (usando los originales incluidos en el CD de recursos para el director del programa).

Antes de comenzar

- Prepare los lugares donde se llevarán a cabo todas las sesiones (las instrucciones y materiales necesarios para cada sesión se detallan más adelante).
- Prepare una mesa de bienvenida, con gafetes con los nombres de los voluntarios y participantes.

Sesión 1: Bienvenida, oración inicial y reflexión

Objetivos

En esta sesión los padres y sus hijos:

- Conocerán a otras familias cuyos hijos se están preparando para la Primera Eucaristía.
- Tendrán oportunidad de reflexionar acerca del significado de la Eucaristía.

Materiales necesarios

- Objetos para el Centro de oración: Biblia, cruz, objetos que simbolicen la Eucaristía (tales como un pan y una copa de vino), una veladora (asegúrese de tener en cuenta las ordenanzas municipales en materia de incendios).
- Segmento "La iglesia" del video "Paseo por la iglesia", 16 ½ minutos (DVD *Vengan y verán).*
- Reproductor de DVD y televisión o pantalla.

Preparación inmediata

- Prepare un salón grande para reunirse con un Centro de oración al frente.
- Tenga preparado el reproductor de DVDs y la televisión o pantalla.

Horario sugerido

- Bienvenida y oración inicial (5 minutos).
- Presentación del retiro (25 minutos).

Bienvenida

Bienvenidos a nuestro retiro de la Primera Eucaristía. Gracias por haber venido. Este retiro es una parte importante de la preparación para la Primera Comunión. En la Eucaristía Jesús nos da el don más grande que jamás podríamos recibir: nos da el don de sí mismo. Esperamos que este tiempo que vamos a pasar juntos les ayude a recibir este don con mucha fe, gozo y amor. Comencemos orando juntos a Dios:

Oración inicial

GUÍA: Dios, fuente de todo amor,
te damos gracias por darnos este don, la oportunidad de pasar juntos un tiempo.
Bendícenos durante este retiro.
Ayúdanos a no distraernos y
a abrir nuestros corazones a tu presencia.
Te pedimos que este tiempo que vamos a pasar juntos
nos transforme el corazón y renueve nuestra fe.
Te lo pedimos por Jesucristo, tu Hijo, nuestro Señor.

TODOS: Amén.

Presentación del retiro

(Comience mostrándoles el segmento "La iglesia" del video "Paseo por la iglesia", del DVD Vengan y verán. *Pídales a los participantes que mientras ven el video, piensen acerca de la importancia de reunirse en la iglesia para la celebrar la Eucaristía. Después, haga una presentación general del retiro. Descríbales cada sesión, presente al coordinador de cada sesión, dígales dónde se celebrará cada sesión e indíqueles cómo irán de una sesión a otra).*

Nuestro retiro consistirá de varias sesiones. Reflexionaremos acerca de los símbolos de nuestra fe y haremos unos estandartes relacionados con la Primera Comunión (*Creando estandartes*). A continuación daremos un paseo por la iglesia (*Explorando un espacio sagrado*). Después, aprenderemos cuál es nuestra función en la misa y repasaremos cómo recibir la Sagrada Comunión (*Recibiendo la Sagrada Comunión*).

Cuando todos hayamos tenido oportunidad de participar en estas sesiones, nos reuniremos para una sesión y oración final. Tendrán unos 40 minutos para cada sesión y 5 minutos para pasar de una a otra.

(Si ha dividido a los participantes en grupos para las Sesiones 2, 3 y 4, entonces dé las instrucciones necesarias [Vea la página 62 para una explicación completa de esta opción]. Por ejemplo: "Los niños con [el tipo de calcomanía o símbolo en el gafete] comenzarán por la Sesión 2: Creando estandartes en [mencione el lugar]". Pida a este grupo que se dirija al lugar asignado. A continuación, haga lo mismo con el grupo que comenzará por la Sesión 3: Explorando un espacio sagrado. Finalmente, indique al último grupo que ellos comenzarán por la Sesión 4: Recibiendo la Sagrada Comunión).

Sesión 2: Creando estandartes

Objetivos

En esta sesión los padres y sus hijos:

* Reflexionarán acerca del significado de los símbolos de nuestra fe, especialmente de los símbolos Eucarísticos.
* Colaborarán para crear estandartes que mostrarán el día de su Primera Eucaristía.

Materiales necesarios

* Fotocopias de "Estandartes de la Primera Comunión". Haga una copia por familia. (El original se encuentra en el CD de recursos para el director del programa).
* Algunos estandartes ya hechos para mostrar como ejemplo.
* Tela para estandartes u hojas de cartoncillo (de 9" x 15" o del tamaño que crea conveniente).
* Patrones de símbolos para que los puedan trazar y recortar los niños (los originales se encuentra en el CD de recursos para el director del programa). Puede alterar el tamaño de estos símbolos haciendo fotocopias más grandes o pequeñas. Estos símbolos son: hostias, pan, trigo, cáliz, uvas y vino.
* Papel de colores o fieltro para los símbolos.
* Tijeras, marcadores y pegamento.
* Contenedores para la basura y productos para limpiar la zona de trabajo entre sesiones.

Preparación inmediata

* Prepare un área con mesas de trabajo. Coloque en cada mesa los materiales necesarios para la actividad.

- Asigne a cada mesa de trabajo un miembro del equipo organizador del retiro, para que ayude a los participantes con las instrucciones, ofreciendo más materiales si es necesario y limpiando el área de trabajo entre sesiones.

Horario sugerido
- Presentación de la actividad (5 minutos).
- Crear los estandartes (30 minutos).
- Anuncios y limpieza del área de trabajo (5 minutos).
- Transición a la siguiente sesión (5 minutos).

Presentación de la actividad
Los símbolos son importantes porque nos ayudan a contar y transmitir nuestra fe. Usamos símbolos para expresar aquello que es importante para nosotros y en lo que creemos. Un símbolo importante de nuestra fe es la cruz. Nos recuerda lo mucho que nos ama Jesús. Hay otros símbolos que también son importantes para nosotros. Veamos algunos de los símbolos que usamos durante la Eucaristía.

(Muestre los símbolos de la fotocopia. Descríbalos y explique su relación con la Eucaristía).

¿Alguno de ustedes a horneado alguna vez pan en su casa? ¿Qué ingredientes usaron? *(Permita que respondan a las preguntas).* El pan se hace con el grano de una planta. El trigo es un tipo de grano. Los granos de trigo se muelen para hacer harina. Hacen falta muchos granos de trigo para tener suficiente harina para hacer un pan.

El vino se hace con uvas. Las uvas crecen en vides o parras. Cuando las uvas están maduras se cosechan y de aplastan para extraer su jugo. Para hacer el vino se usa el jugo de las uvas. Hacen falta muchas, muchas uvas para hacer vino.

Hoy les invitamos a que hagan un estandarte que tenga símbolos de la Eucaristía. Si quieren también pueden añadir palabras a su estandarte. Usaremos estos estandartes durante la celebración de la Primera Eucaristía.

(Explique cómo usarán los estandartes. Por ejemplo, colocando uno en el banco de cada familia durante la liturgia de la Primera Eucaristía o exhibiéndolos en la iglesia o centro parroquial. Muéstreles como ejemplo dos o tres estandartes ya terminados).

Crear los estandartes
(Reparta las fotocopias de "Estandartes de la Primera Comunión" y repase las instrucciones con los participantes. A medida que terminen de hacer los estandartes, y si hay tiempo suficiente, el miembro del comité organizador que esté en la mesa puede pedir a los niños que le expliquen su estandarte).

Anuncios y limpieza de las áreas de trabajo
(Avise a los participantes cuando resten cinco minutos para terminar los estandartes y limpiar el área de trabajo. Indique cómo recoger los estandartes que estén terminados y qué hacer con los que no estén acabados [Por ejemplo: las familias se pueden llevar los materiales a la casa para terminarlos allí y traer los estandartes acabados en una fecha determinada]. Explíqueles cómo limpiar el área de trabajo y luego dirigirse a la siguiente sesión).

Sesión 3: Explorando un espacio sagrado

Objetivos

En esta sesión los padres y sus hijos:

- Aprenderán el significado de algunos de los objetos que podemos encontrar en el interior de una iglesia, especialmente los que se usan durante la celebración de la Eucaristía.
- Descubrirán la relación que existe entre los símbolos que se encuentran en el interior de una iglesia y su propia vida.

Materiales necesarios

- Fotocopias de "Explorando un espacio sagrado: Áreas de la iglesia y guiones". Haga una copia para cada guía. (El original se encuentra en el CD de recursos para el director del programa).
- Señales en papel cartoncillo que identifiquen cada "estación".

Preparación inmediata

- Personalice el paseo por la iglesia para que se ajuste a su iglesia parroquial. Vea las notas al respecto en "Explorando un espacio sagrado: Áreas de la iglesia y guiones".
- Selecciones a cinco personas para que coordinen las cinco estaciones. Estas personas serán los guías. Entregue a cada uno una fotocopia del guión de la actividad. Asegúrese de que antes de celebrar el retiro los guías tienen la información necesaria para explicar brevemente la estación que les ha correspondido guiar.
  - Estación 1: Área de la pila bautismal.
  - Estación 2: El santuario.
  - Estación 3: Área del sagrario.
  - Estación 4: La sacristía.
  - Estación 5: Por la iglesia.
- Establezcan una señal con la que indicará a los guías que tienen que terminar su explicación y hacer que el grupo marche a la siguiente estación.
- Prepare la iglesia según las indicaciones que se encuentran en "Explorando un espacio sagrado: Áreas de la iglesia y guiones".
- Indique cada estación con un cartel pegado con cinta adhesiva.
- De ser necesario, coloque un micrófono para uso de los coordinadores de la sesión.

Horario sugerido

- Introducción a la sesión (5 minutos).
- Explorando un espacio sagrado (5 minutos por estación, más 2 minutos para pasar de una estación a la siguiente).
- Clausura y transición a la siguiente sesión (5 minutos).

Introducción a la sesión

Cuando fuimos bautizados nos convertimos en miembros de la familia de Dios, la Iglesia. Los domingos nos juntamos aquí, en nuestra iglesia parroquial, para celebrar la Eucaristía. Durante esta parte de nuestro retiro vamos a dar un paseo especial por nuestra iglesia. Esperamos que este paseo les ayude a aprender más cosas acerca de la iglesia y de los símbolos de nuestra fe tan bellos que nos rodean.

Vamos a tener cinco estaciones o lugares diferentes donde nos detendremos durante nuestro paseo por la iglesia:

- La estación 1 está en el área de la pila bautismal. El guía que les ayudará es *(nombre)*.
- La estación 2 es el santuario. El guía que les ayudará es *(nombre)*.
- La estación 3 está en el área del sagrario. El guía que les ayudará es *(nombre)*.
- La estación 4 es la sacristía. El guía que les ayudará es *(nombre)*.
- La estación 5 es el confesionario *(o capilla de la Reconciliación)* y otras áreas de la iglesia. El guía que les ayudará es *(nombre)*.

Tendrán 5 minutos para cada estación y 2 minutos para ir de una a otra. Yo les indicaré a los guías cuándo tienen que pasar a la siguiente estación.

(Cada guía hace la presentación de su área al grupo que le corresponda y, si hay tiempo suficiente, responde a las preguntas que puedan surgir. A los cinco minutos, dé la señal a los guías para que indiquen a su grupo que vaya a la siguiente estación. Repita esto hasta que todos los grupos hayan visitado las cinco estaciones. Cuando así lo hayan hecho, reúna a todos los grupos en algún lugar central de la iglesia. Agradezca públicamente a los guías).

Clausura y transición a la siguiente sesión

Esta iglesia es nuestra parroquia, nuestro hogar. Un lugar de oración donde nos reunimos para ofrecer culto a Dios y celebrar juntos la Eucaristía. Al pasar por sus puertas, muchos de ustedes experimentan hospitalidad, amistad y se sienten bienvenidos. Esperamos que ustedes ofrezcan a quienes se encuentren aquí esa misma hospitalidad, amistad y bienvenida. Ahora pueden pasar a la siguiente sesión.

Sesión 4: Recibiendo la Sagrada Comunión

Objetivos

En esta sesión:

- Los participantes reflexionarán acerca de su función en la misa.
- Los niños practicarán cómo recibir reverentemente la Sagrada Comunión.

Materiales necesarios

- Video "Tu función en la misa", de 24½ minutos de duración, del DVD *Vengan y verán*. Reproductor de DVD y televisión o pantalla.
- Hostias no consagradas, cimborrio o contenedor para hostias, y patena.
- Jarra con jugo de uvas, vasitos de papel y cáliz.
- Toallas de papel para usar en caso de que se riegue algo de jugo.

Preparación inmediata

- Coloque las sillas en semicírculo entorno a una mesa con los objetos mencionados anteriormente.
- Prepare un salón grande con lo necesario para proyectar "Tu función en la misa", del DVD *Vengan y verán*.

Horario sugerido

- Introducción (2 minutos).

- Tu función en la misa (24½ minutos).
- Recibiendo la Sagrada Comunión (15 minutos).
- Transición a la siguiente sesión (3 minutos).

Introducción

En esta sesión vamos a tener dos actividades que nos prepararán para nuestra celebración de la Primera Eucaristía. Primero, veremos un video que nos hará reflexionar acerca de nuestra función en la misa. A continuación, practicaremos cómo recibir reverentemente la Sagrada Comunión.

Tu función en la misa

(Muestre el video "Tu función en la misa", del DVD Vengan y verán. *Dialoguen acerca de él).*

Recibiendo la Sagrada Comunión

El pan y el vino son dos símbolos muy importantes para nosotros. Cada vez que Jesús compartía pan y vino con los demás, sus vidas cambiaban. La noche antes de morir, Jesús celebró una cena con sus amigos más íntimos. Tomó el pan, lo partió y se lo dio a sus amigos. Jesús dijo: "Tomen y coman todos de él, este es mi cuerpo que será entregado por ustedes. Hagan esto en memoria mía".

Después, tomó el cáliz. Dio gracias y lo pasó a sus amigos. Jesús dijo: "Tomen y beban todos de él: este es el cáliz de mi sangre". Y de nuevo dijo: "Hagan esto en memoria mía".

Cuando celebramos la Eucaristía Jesús pronuncia esas mismas palabras: "Tomen y coman este pan. Tomen y beban de este cáliz". Jesús nos dice: "Yo soy el pan de vida. Si comen de este pan yo viviré en ustedes y ustedes en mí". ¡Qué regalo tan maravilloso es la Eucaristía!

Ahora practicaremos cómo recibir reverentemente la Sagrada Comunión.

(El coordinador de la sesión y un miembro del comité del retiro demuestran al grupo cómo recibir reverentemente la Sagrada Comunión. Explique claramente a los niños que este pan y jugo no están bendecidos como sucede con el pan y el vino durante la misa. Indíqueles también que durante la misa el vino consagrado se recibe bebiendo de un cáliz. Dé a los niños la oportunidad de tomar un cáliz entre sus manos para que se hagan una idea de cuánto pesa. Pida a los niños que se acerquen, junto con sus padres, para practicar cómo recibir reverentemente la Sagrada Comunión. Concluya este ensayo sugiriendo a los padres que repasen en casa con sus hijos cómo recibir reverentemente la Sagrada Comunión. Dígales que usen como guía la página 95 del libro del estudiante La Eucaristía: don de Dios. *Continúen ahora con la última sesión).*

Sesión 5: Ser enviados

Objetivos

En esta sesión los padres y sus hijos:
- Reflexionarán acerca del relato evangélico de la multiplicación de los panes (Juan 6:1–14).
- Dialogarán acerca de las diferentes maneras con las que pueden usar sus dones personales para servir a los demás.

Materiales necesarios
- Fotocopias de "La multiplicación de los panes". Haga copias para cada uno de los cuatro lectores. (El original se encuentra en el CD de recursos).
- Fotocopias de varias "situaciones" (el original, titulado "Situaciones para la 5ª sesión" se encuentra en el CD de recursos). Carteles en los que poner las situaciones elegidas.
- Objetos para el Centro de oración: Biblia, cruz, objetos que simbolicen la Eucaristía (tales como un pan y una copa de vino), una veladora (si está permitido).

Preparación inmediata
- Prepare un salón grande para reunirse con un Centro de oración al frente.
- Seleccione voluntarios para leer "La multiplicación de los panes" (Personajes: Narrador, Jesús, Felipe y muchacho). Practiquen con antelación.
- Micrófono/s y parlantes, de ser necesarios.

Horario sugerido
- Bienvenida y reflexión sobre el Evangelio (5 minutos).
- Diálogo basado en las situaciones (20 minutos).
- Oración final (5 minutos).

Bienvenida y reflexión sobre el Evangelio
Cuando venimos a la iglesia los domingos, escuchamos historias de la vida de Jesús. Hoy escucharemos una historia del Evangelio que probablemente ya han escuchado antes. Es la historia de un milagro que hizo Jesús. Mientras contamos la historia, vamos a usar nuestra imaginación para ver a los personajes más detenidamente. Nos detendremos de vez en cuando para reflexionar: ¿En qué pensaban los personajes? ¿Qué sentían?

Esta historia del Evangelio trata de pan, pescados y de gente hambrienta a quien Jesús dio de comer. ¿Saben a qué historia me refiero? *(Permita que los participantes respondan).*

Escuchemos con atención.

(Cuatro lectores presentan "La multiplicación de los panes").

Diálogo basado en las situaciones
En la historia de la multiplicación de los panes, un muchacho compartió todo lo que tenía. Jesús aceptó su regalo; dio gracias por él; lo bendijo y lo partió. Y miles de personas fueron alimentadas.

Hoy en día seguimos siendo alimentados con pan que es bendecido y partido. Cuando nos reunimos para la misa venimos a la Eucaristía para recibir a Jesucristo bajo la forma del pan y el vino. Y después, cuando hemos sido alimentados, se nos dice que vayamos en paz para amar y servir al Señor. Servimos al Señor cuando servimos a quienes nos rodean, cuando ayudamos a los necesitados. Platiquemos de cómo podemos hacer esto.

(Muéstreles las situaciones que ha preparado con anterioridad. [Elija algunas de las ocho situaciones que se le ofrecen en el CD de recursos para el director del programa o invéntese algunas otras usted mismo]. Pida a un voluntario que lea en voz alta la situación. Al terminar de leer cada situación, haga las siguientes preguntas al grupo):

En esta historia, ¿quién necesita ayuda? ¿Quién ayudó a esta persona? ¿Qué hizo para servir a los demás? ¿Qué piensan que pasó después?

Oración final

GUÍA: El joven del Evangelio según san Juan sólo tenía unos pocos panes y un par de pescados pero, cuando compartió lo que tenía, miles de personas fueron alimentadas. Quizás tú no tengas pan y pescado, pero sí tienes dones especiales que Dios te ha dado. Tú puedes compartir esos dones para ayudar a los demás.

En la misa recibimos a Jesucristo en la Eucaristía. Y entonces somos enviados a ir en paz, y a amar y servir al Señor. Al terminar este retiro, pídele a Dios que te ayude a saber cómo usar tus dones para servir a los demás *(Pausa)*.

Respondamos a cada petición diciendo: "¡Vayamos en paz para amar y servir al Señor!"

GUÍA: Querido Jesús,
en nuestro mundo de hoy hay personas que no tienen lo suficiente para comer.
Hay niños que se van a dormir con hambre.
Ayúdanos, Jesús, a alimentar a quienes están hambrientos.

TODOS: ¡Vayamos en paz para amar y servir al Señor!

GUÍA: Querido Jesús,
en nuestro mundo de hoy hay personas que están enfermas y que sufren,
personas que viven con hambre, con enfermedades y con miedo.
Ayúdanos, Jesús, a consolar a quienes necesitan ser sanados.

TODOS: ¡Vayamos en paz para amar y servir al Señor!

GUÍA: Querido Jesús,
en nuestro mundo de hoy hay personas que están solas,
los ancianos, los que no pueden salir de sus casas,
los que no visita nadie, a quienes nadie cuida.
Ayúdanos, Jesús, a salir al encuentro de quienes necesitan cuidado y amistad.

TODOS: ¡Vayamos en paz para amar y servir al Señor!

GUÍA: Querido Jesús,
hace dos mil años tú llevaste
la sanación, la esperanza y el amor a los necesitados.
Ayúdanos a usar nuestros dones para llevar a nuestro mundo la sanación, la esperanza y el amor.

TODOS: ¡Vayamos en paz para amar y servir al Señor!

GUÍA: Y para concluir nuestra oración, tracemos juntos sobre nuestra frente la señal de la cruz.

Muchas gracias a todos los que nos han ayudado hoy y gracias también a todos ustedes por haber participado en este retiro. Estas jornadas que hemos pasado juntos concluyen nuestras semanas de preparación. Lo único que nos queda es la celebración de la Primera Comunión de nuestros niños. Nos veremos en la celebración.

Celebrando la Primera Eucaristía

Recibir la Primera Comunión es un acontecimiento importante en la vida de los niños y sus familias. También es una celebración importante para toda la comunidad parroquial. Aunque existen diferentes maneras de celebrarla, hay dos modelos básicos a tener en cuenta a la hora de planificar la celebración de la Primera Comunión.

Recepción de la Primera Comunión en grupo

Se puede dar la bienvenida a la Eucaristía durante una misma misa a todos los niños que se han preparado para la Primera Comunión. Los niños se pueden sentar en un área reservada para ellos y sus familias o los niños se pueden sentar todos juntos en un grupo. Puede ser beneficioso el tener un ensayo con las familias para darles instrucciones y practicar cualquier aspecto específico que se haya creado para esta liturgia, como por ejemplo una procesión. Si la Primera Comunión de un grupo se celebra un domingo, entonces use las lecturas asignadas para ese domingo en el *Leccionario*.

Recepción de la Primera Comunión individualmente

Se puede dar la bienvenida a la Eucaristía de forma individual durante una de las misas ordinarias de la parroquia a un niño que se haya preparado para la Primera Comunión. Esto ofrece flexibilidad a las familias a la hora de elegir fecha y hora para la Primera Comunión de su hijo. También hace que la bienvenida de niños a la Eucaristía se convierta en un aspecto ordinario de la vida parroquial. Establezca un procedimiento y directrices claros para Primeras Comuniones celebradas individualmente. Ofrezca a los padres instrucciones claras.

El párroco quizás decida limitar el número de Primeras Comuniones que se celebran durante un misa parroquial para evitar que haya demasiadas personas en la iglesia. Mantenga informado al sacerdote que va a presidir la misa y al liturgista para que todos estén al tanto de lo que va a suceder y de cualquier plan especial que se haya desarrollado para las misas durante las que se va a celebrar una Primera Comunión.

Planificando celebraciones de Primera Comunión en grupo e individualmente

- Planifique la liturgia con el párroco y el liturgista, e identifiquen cualquier plan especial que se vaya a llevar a cabo. Quizás quieran incluir a los niños y sus familias en la procesión de entrada, en la procesión de los dones o durante la procesión final. Planifique cuidadosamente cómo discurrirá la procesión de la comunión. Prepárela con antelación y con ayuda de los ministros extraordinarios de la Sagrada Comunión. Si los niños van a tener alguna función litúrgica durante la misa, entonces prepárelos con antelación.

- Organice el lugar de culto de tal manera que transmita la dignidad e importancia de la celebración. Elija un lugar a la entrada de la iglesia donde poder dar la bienvenida y las instrucciones de última hora a las familias. Exhiba ahí los estandartes de la Primera Comunión para que los disfrute toda la parroquia.

- Haga las adaptaciones necesarias para responder a las necesidades especiales que puedan tener las familias.

- Comunique con antelación las directrices que su parroquia pueda tener respecto a fotos y grabaciones de video durante la misa.

- Informe a la comunidad parroquial mediante anuncios en el boletín, de cualquier aspecto extraordinario debido a la celebración de las Primeras Comuniones.

- Prepare un "Certificado de la Primera Comunión" para cada niño (el original se encuentra en el CD de recursos para el director del programa).

Los siguientes documentos litúrgicos le serán de ayuda a la hora de planificar la celebración litúrgica de la Primera Comunión: *Ordenación General del Misal Romano,* el *Directorio Litúrgico para las Misas con Participación de Niños,* el *Misal Romano* y el *Leccionario.*

4ª PARTE

Los sacramentos según el Orden Restaurado

4ª PARTE
Índice

Los sacramentos según el Orden Restaurado

Los sacramentos de la Confirmación y de la Eucaristía

Teología e historia de los sacramentos de iniciación

Nuestra vida de fe comienza con el sacramento del Bautismo, cuando recibimos el Espíritu Santo y nos convertimos en miembros de la familia de Dios, la Iglesia. Con el sacramento de la Confirmación, la gracia del Bautismo se hace más profunda y nos une aún más a Cristo y a la Iglesia. Ya que estos sacramentos dejan una huella espiritual imborrable en el alma, cada uno de ellos lo recibimos sólo una vez.

El recibir la Eucaristía es un signo de nuestra pertenencia plena a la Iglesia. Cada vez que recibimos el Cuerpo y la Sangre de Jesucristo somos transformados por la gracia del sacramento y enviados a llevar el amor de Cristo al mundo.

En la Iglesia de los primeros años, el Bautismo, la Confirmación y la Eucaristía se celebraban juntos y en ese orden cuando el obispo presidía la Vigilia Pascual. Sin embargo, a medida crecía el tamaño de la comunidad cristiana, se hizo imposible reunir para celebrar con el obispo la celebración pascual. La práctica sacramental comenzó por permitir a los sacerdotes bautizar, mientras que se retrasó la celebración del sacramento de la Confirmación hasta que el obispo pudiera estar presente con la comunidad local.

A principios del Siglo XX el papa san Pío X, buscando promover la recepción frecuente de la Comunión y para unificar la práctica de la Primera Comunión, estableció la edad para la celebración del sacramento de la Eucaristía y del sacramento de la Penitencia y la Reconciliación. San Pío X fijó la edad alrededor de los siete años. A partir de entonces, los sacramentos comenzaron a celebrarse en práctica en el siguiente orden: el Bautismo durante la infancia, la Eucaristía alrededor de los siete años y la Confirmación a una edad determinada por el obispo local.

A raíz del Concilio Vaticano II, los adultos que buscan ser bautizados se preparan y celebran los sacramentos de iniciación durante una sola celebración litúrgica, normalmente durante la Vigilia Pascual. Cuando estos sacramentos se celebran juntos, en el orden establecido por la Iglesia primitiva y conocido como Orden Restaurado, se hace más evidente la unidad esencial de los sacramentos del Bautismo, la Confirmación y la Eucaristía.

En las diócesis donde el obispo haya establecido que se celebren los sacramentos de iniciación según el Orden Restaurado, el sacramento de la Confirmación se confiere a menudo a los niños cuando estos reciben su Primera Comunión.

Es posible que las familias y feligreses no estén familiarizados con el Orden Restaurado. El dialogar con ellos acerca de la historia de nuestra celebración de los sacramentos de iniciación puede ayudarlos a entender mejor la práctica actual de la Iglesia, así como la teología de estos sacramentos.

La catequesis para los sacramentos de la Confirmación y de la Eucaristía según el Orden Restaurado

La catequesis sacramental comienza en la familia. Los padres, cuando traen a sus bebés o niños chiquitos para que sean bautizados, aceptan la responsabilidad de criar a sus hijos según la fe. Con las experiencias diarias de la vida familiar los padres enseñan a sus hijos a saber lo que significa ser hijos de Dios y miembros de la Iglesia. Los niños, especialmente mediante su participación en la Eucaristía dominical, son cada vez más conscientes de la dignidad que les fue otorgada en su Bautismo. La catequesis formal para la Confirmación y Primera Comunión se desarrolla sobre estas bases.

Cuando los niños se preparan para los sacramentos de la Confirmación y de la Eucaristía según el Orden Restaurado, reciben la catequesis para ambos sacramentos dentro de un mismo programa. Los niños aprenden que la Confirmación fortalece la gracia del Bautismo. Aprenden que los dones del Espíritu Santo los ayudan a dar testimonio de Cristo en el mundo. Aprenden acerca de los frutos del Espíritu Santo y de la importancia de la acción del Espíritu Santo en la vida cristiana. El aprender acerca del ritual de la Confirmación también ayuda a los niños a participar con mayor plenitud en la celebración sacramental (*Directorio nacional para la catequesis* 36.2, pp. 135–136; *Catecismo de la Iglesia católica* 1285, 1309 y 1316).

La catequesis para la Primera Eucaristía enseña que la Eucaristía es un don que Cristo nos ha dado y que el participar en la Eucaristía es un signo de nuestra pertenencia plena a la Iglesia. A medida que los niños se preparan para la Primera Comunión, se les anima a participar cada vez más en la misa. Aprenden que la misa es una oración de acción de gracias y una conmemoración de la Última Cena. Los niños aprenden que el pan y el vino que reciben en la Eucaristía son el Cuerpo y la Sangre de Jesucristo, a través de los cuales recibimos la gracia para vivir como discípulos de Cristo (*Directorio nacional para la catequesis* 36.3a, pp. 139–141).

Señales de que se está preparado

Un niño que está preparado para celebrar los sacramentos de la Confirmación y de la Eucaristía:

- Ha alcanzado la edad de uso de razón.
- Ha sido bautizado y es capaz de renovar las promesas que se hicieron durante su Bautismo.
- Demuestra que tiene conocimientos, acordes con su edad, de Cristo y del Misterio Pascual.
- Reconoce que la Eucaristía es diferente de un alimento ordinario.
- Sabe cómo recibir reverentemente el Cuerpo y la Sangre de Cristo.
- Se encuentra en estado de gracia y se ha preparado y celebrado el sacramento de la Reconciliación antes de celebrar estos sacramentos.

(*Código de derecho canónico* #889, #913, #914; *Ritual para la Confirmación* 11–12, p.21; Véase también *Catecismo de la Iglesia católica* 1306–1311).

Los padres de familia, párrocos y líderes catequéticos determinan juntos si un niño está listo para prepararse y celebrar los sacramentos de la Confirmación y de la Eucaristía según el Orden Restaurado.

Reunión de padres sobre los sacramentos según el Orden Restaurado

Las reuniones con los padres de familia durante la preparación sacramental de sus hijos son oportunidades para la evangelización, así como una invitación a renovar el compromiso de la fe. Esta reunión de padres sobre la Confirmación y primera Eucaristía según el Orden Restaurado invita a los padres a reflexionar acerca del significado de los sacramentos de iniciación y de la vida de fe a la que nos llaman estos sacramentos. Esta reunión es, de manera más especial, una oportunidad para que los padres reflexionen acerca de cómo han estado ayudando, y continúan ayudando, a sus hijos a ser personas de fe.

Ya que es posible que la celebración de los sacramentos de iniciación según el Orden Restaurado no les sea familiar a los padres, es probable que algunos tengan preguntas. Puede que otros piensen que esto es un cambio en la práctica sacramental de la Iglesia. Esta reunión es una oportunidad para ayudar a los padres a entender mejor la práctica y teología sacramentales de la Iglesia. A medida que los padres profundicen en su aprecio por los sacramentos, serán capaces de transmitir y vivir la fe con sus hijos.

Ya que la preparación de los niños para los sacramentos es una oportunidad para catequizar a los adultos, hay varias opciones para la reunión de padres sobre los sacramentos según el Orden Restaurado. Una opción es la de ofrecer a los padres dos reuniones: una sobre la Primera Eucaristía y la otra sobre el Orden Restaurado. Otra opción es la de celebrar una sola reunión de padres sobre el Orden Restaurado, incorporando la teología sacramental presentada en la reunión sobre la Eucaristía. Como director del programa, es usted quien decide, ya que sabe qué es lo mejor para su parroquia.

Tema

Mediante los sacramentos de iniciación —Bautismo, Confirmación y Eucaristía— estamos llamados a vivir como discípulos de Jesús, en comunidad y al servicio de los demás en nombre de Jesús. Los sacramentos de iniciación nos fortalecen para que podamos vivir en respuesta a este llamado.

Retiro de tres minutos

Al comenzar a prepararse para la reunión de padres de familia, deténgase un momento y ponga atención a su respiración. Respire profundamente varias veces. Sea consciente de la presencia amorosa de Dios en su interior.

Marcos 10:13–16

Le traían niños para que los tocase, y los discípulos los reprendían. Jesús, al verlo, se enojó y dijo: "Dejen que los niños se acerquen a mí; no se lo impidan, porque el reino de Dios pertenece a los que son como ellos. Se los aseguro, el que no reciba el reino de Dios como un niño, no entrará en él". Y los acariciaba y bendecía imponiendo las manos sobre ellos.

Reflexión

Jesús valora a los niños, no sólo por lo que pueden llegar a ser en un futuro, sino por quienes son ahora mismo. Entre las muchas esperanzas que tienen los padres de sus hijos está el deseo de que sus hijos conozcan a Jesús y experimenten su gran amor. Nosotros experimentamos el amor de Jesús en los sacramentos. Fortalecidos con los sacramentos, buscamos ser una comunidad que dé la bienvenida a los niños con el amor de Jesús y que les dé testimonio de la importancia de los sacramentos. Al igual que en esta historia del Evangelio según san Marcos los padres llevaron a sus hijos a Jesús, los padres de hoy en día traen a sus hijos a la Iglesia confiando en que Jesús cambiará sus vidas.

Preguntas

¿Veo a los niños con los ojos de Jesús, aceptándolos por quienes son en este momento? ¿Cómo doy testimonio de la importancia de los sacramentos en mi propia vida de fe?

Oración

Jesús, tú das la bienvenida a los niños y ves en ellos un modelo para aceptar el reino de Dios. Ayúdame a dar la bienvenida a los niños a nuestra comunidad de fe tal y como lo haces tú.

Contexto para el líder

Véase "Teología e historia de los sacramentos de iniciación", en las páginas 77–79 y "Teología e historia del sacramento de la Eucaristía", en las páginas 53–55 de esta *Guía para el director del programa*.

Preparación para esta sesión

Objetivos

Al terminar esta reunión los participantes serán capaces de:

- Reconocer la unidad que existe entre los sacramentos de iniciación.
- Reconocer el discipulado, la comunidad y el servicio como aspectos clave de nuestro llamado bautismal y de identificar cómo estos aspectos son fortalecidos y renovados con los sacramentos de la Confirmación y de la Eucaristía.
- Identificar cómo las familias pueden participar más plenamente en la preparación.

Horario

Participa (10 minutos)
Explora (35 minutos)
Reflexiona (5 minutos)
Responde (15 minutos)

Con antelación

- Envíe a los padres la carta de invitación (vea el ejemplo que se le ofrece en el CD de recursos para el director del programa).
- Entregue a la persona encargada del boletín parroquial el anuncio de la reunión al menos dos semanas antes de que esta vaya a tener lugar para que sea publicado (vea el ejemplo que se le ofrece en el CD de recursos para el director del programa).
- Invite al personal parroquial y a feligreses a dar la bienvenida a los participantes.
- Haga las fotocopias necesarias (usando los originales incluidos en el CD de recursos).

Antes de comenzar

- Organice un Centro de oración en su lugar de reunión.
- Pida a un padre de familia que proclame la lectura bíblica para la oración inicial.
- Prepare la presentación de la reflexión "Dejen que los niños se acerquen a mí".

Materiales necesarios

- Objetos para el Centro de oración: Biblia, cruz, una veladora (si está permitido) y símbolos de cada uno de los sacramentos de iniciación.
- Gafetes para escribir los nombres de los participantes.
- Materiales para escribir.
- Fotocopias de "Eligiendo un nombre de Confirmación y un padrino o madrina", "Guía para el diálogo en grupos pequeños: Llamados a servir", "Preparándose en casa para la Confirmación", Preparación para la Confirmación y la Primera Eucaristía: Calendario del programa" y "¡Qué buenas preguntas! La Confirmación" (originales incluidos en el CD de recursos para el director del programa).
- Opcional: Video "El ritual importa", de 9 ½ minutos de duración (del DVD *Vengan y verán*) y reproductor de DVD y televisión o pantalla.

Recursos necesarios

- Ejemplares del libro del estudiante: *La Eucaristía: don de Dios* y de *Mi libro de la misa*. Asegúrese de tener suficientes copias para que las puedan ojear los padres de familia.
- Ejemplares de la guía familiar: *Juntos: Preparándose en casa par la Primera Eucaristía.* Si las va a distribuir a cada familia, asegúrese de tener copias suficientes.

Esquema de la reunión

Participa

(Dé la bienvenida a los participantes. Preséntese al grupo y presente también a los catequistas, voluntarios y a cualquier otro miembro del personal parroquial que este presente. Explique brevemente en qué va a consistir esta reunión usando el texto que sigue a continuación como guía).

GUÍA: Al comenzar estas semanas de preparación de sus hijos para los sacramentos de la Confirmación y de la Eucaristía, nos reunimos y recordamos. Recordamos que todos llegamos a la Eucaristía mediante nuestro Bautismo. Mediante el Bautismo nos convertimos en hijos de Dios, discípulos de Jesús y miembros de la Iglesia. Con la Confirmación, el don del Espíritu, que recibimos en el Bautismo, es fortalecido gracias a los dones del Espíritu Santo que nos son otorgados. Entonces, en el sacramento de la Eucaristía, nos reunimos en torno al altar con la comunidad eclesial y recibimos el Cuerpo y la Sangre de Cristo.

Antes de seguir adelante, dediquemos unos momentos para orar por nuestros hijos. Después reflexionaremos acerca de nuestra propia experiencia de vivir el llamado de nuestro Bautismo, con la esperanza de que seremos capaces de entender mejor lo que significa ser discípulos de Jesús y miembros de la Iglesia.

Después de proclamar la lectura bíblica dedicaremos unos momentos a orar, reflexionando en silencio.

GUÍA: Ahora, seamos conscientes de la presencia amorosa de Dios y escuchemos su Palabra.

Lectura bíblica: Marcos 10:13–16, Jesús bendice a los niños

(Un padre de familia proclama la lectura usando una Biblia).

(Reproduzca música instrumental de fondo mientras que el guía presenta despacio y meditativamente esta reflexión, titulada "Dejen que los niños se acerquen a mí").

GUÍA: Piensa durante un momento acerca de las cosas que han sido parte de tu día: los quehaceres del hogar, los proyectos en el trabajo, las llamadas telefónicas, los horarios, las prisas por llegar aquí. Toma todas esas cosas —las preocupaciones, tus pensamientos— y, por ahora, déjalos de lado. Respira profundamente. Guarda silencio. Ofrécete a la presencia de Dios *(Pausa)*.

Durante esta oración, piensa en tu hijo, en el hijo que pronto será confirmado y que se reunirá con nosotros entorno a la mesa eucarística. Si quieres, cierra los ojos. Piensa en tu hijo. En tu interior, di el nombre de tu hijo. Imagínate la cara de tu hijo. Mírala.

Jesús dijo: "Dejen que los niños se acerquen a mí".

GUÍA: Recuerda el día del nacimiento de tu hijo o el día en que lo adoptaste. ¿Dónde estabas? ¿Cómo fue ese día? Recuerda la primera vez que viste a tu hijo. ¿Te acuerdas de lo que sentiste cuando lo tuviste en tus brazos por primera vez? Quizás, cuando lo miraste a los ojos, te preguntaste: "¿Quién eres?"

Y, ¿qué has descubierto? ¿Quién es este hijo tuyo? Si tu hijo te preguntara: "¿Qué me hace especial?", tú, ¿qué le contestarías?

Recuerda, ¿Cómo era tu vida antes de que este hijo pasara a formar parte de ella? ¿Te puedes siquiera acordar? ¿Qué ha traído este hijo tuyo a tu vida? ¿al mundo? *(Pausa)*.

Jesús dijo: "Dejen que los niños se acerquen a mí".

GUÍA: Recuerda las noches cuando tu hijo era chiquito. ¿Te acuerdas de cómo abrías la puerta sin hacer ruido, lo mirabas atentamente y guardabas la respiración para poder escuchar la suya? ¿Te acuerdas de cómo consolabas a tu hijo por la noche, sosteniéndolo en tus brazos, meciéndolo o paseando con él para que se tranquilizara y se volviera a dormir? ¿Te acuerdas de las necesidades que tenía tu hijo y de lo que hacías para responder a lo que necesitaba?

Y ahora, piensa en la última vez que lo miraste mientras dormía. ¿Qué necesita ahora tu hijo de ti? *(Pausa)*.

Jesús dijo: "Dejen que los niños se acerquen a mí".

GUÍA: Acuérdate del día en el que tu hijo fue bautizado. Recuerda la iglesia y las caras de la gente que estaba presente para celebrarlo contigo. Cuando bautizaban a tu hijo, ¿qué oraciones había en tu corazón? ¿Qué le pediste a la Iglesia para tu hijo? ¿Qué le pediste a Dios? *(Pausa)*.

Jesús dijo: "Dejen que los niños se acerquen a mí".

GUÍA: Dale gracias en tu corazón a Dios por el don de tu hijo. *(Pausa larga)*. Cuando estés listo, abre los ojos.

Oremos.

Dios, fuente de todo amor, te pedimos que nos bendigas y estés junto a nosotros mientras nos preparamos para que nuestros hijos celebren la Confirmación y la Primera Comunión. Envía a tu Espíritu para que nos guíe. Te lo pedimos en nombre de Jesús, tu Hijo amado.

TODOS: Amén.

Explora

(Si vieron el video "El ritual importa" —del DVD Vengan y verán— durante la reunión orientativa para padres de familia, entonces haga referencia a este video. Si todavía no han usado ese video, entonces ahora es una buena oportunidad para mostrarlo).

En la lectura sobre la que acabamos de orar, hemos visto cómo Jesús daba la bienvenida a los niños. Como hemos visto en el video, los rituales que celebramos en familia fortalecen este sentido de ser bienvenidos y de pertenecer. (Mencione algunos rituales ordinarios que son importantes para los niños como, por ejemplo, la hora de irse a dormir, las bendiciones individuales o las comidas compartidas en familia). Nuestros niños también han sido bienvenidos a la familia de Dios y pertenecen a ella. Reflexionemos acerca del significado de estos tres sacramentos mediante los cuales todos nosotros hemos sido bienvenidos ritualmente a la Iglesia.

El primer sacramento que recibimos es el Bautismo. Hay otros dos sacramentos que están relacionados integralmente con el Bautismo. Estos dos sacramentos son la Confirmación y la Eucaristía. Mediante estos tres sacramentos, denominados sacramentos de iniciación, nos unimos a la familia de Dios y somos fortalecidos para poder vivir como hijos de Dios. Hay tres componentes esenciales para vivir nuestra vida de fe en la Iglesia: el ser discípulos de Jesús, el pertenecer a la comunidad de fe y el vivir una vida de servicio a los demás. Veamos cada uno de estos componentes.

Discipulado: Nuestro Bautismo es una iniciación con la que pasamos a ser miembros de la Iglesia, que es una comunidad de discípulos. Esta comunidad tiene sus raíces en la divina comunidad de la Santísima Trinidad. Mediante el Bautismo y pertenencia a la comunidad de fe, nosotros compartimos en la vida divina de la Santísima Trinidad.

La vida del discipulado, que comienza con el Bautismo, se fortalece y renueva mediante los sacramentos de la Confirmación y de la Eucaristía. Cuando fuimos confirmados es posible que adoptáramos un nuevo nombre, quizás el nombre de un santo. Este nombre nos unió aún más a la Iglesia. Nuestro nombre de Confirmación a lo mejor es el mismo que recibimos en nuestro Bautismo.

▶ *(Reparta fotocopias de "Eligiendo un nombre de Confirmación y un padrino o madrina". Dígales cuáles son las directrices y expectativas que tiene la parroquia respecto a los nombres de Confirmación).*

Con el Bautismo comenzamos un proyecto de vida en el que aprendemos a vivir como discípulos. Esta es una forma de vivir que requiere una conversión continua. Como discípulos, llevamos el mensaje de Cristo a los demás y los servimos para responder a sus necesidades. Somos fortalecidos, mediante la gracia que recibimos en la Eucaristía, para así llevar a cabo esta vida de servicio.

Comunidad: Somos discípulos junto con otras personas. Nos damos cuenta de ello cuando nos reunimos con la comunidad de fe para celebrar los sacramentos. Piensen un momento en las personas que estarán con sus familias cuando sus hijos celebren la Confirmación y la Eucaristía. Allí estarán la comunidad parroquial, sus familiares y amigos. Esta comunidad reunida es una fuente de fortaleza e inspiración.

La comunidad de fe no sólo nos apoya, sino que también nos reta. Para el Bautismo de su hijo usted eligió padrinos que prometieron ayudar a criar a su hijo en las prácticas de la fe. Para la Confirmación usted ayudará a su hijo a que elija un padrino o madrina de Confirmación que le será modelo y mentor para su vida de discipulado.

(Haga de nuevo referencia a las fotocopias de "Eligiendo un nombre de Confirmación y un padrino o madrina". Indíqueles que se espera que el padrino o madrina participe en la preparación que se ofrece para este sacramento).

Servicio: Nuestra misión, como discipulos, es la de servir a los demás en nombre de Jesús. Somos fortalecidos al recibir el Espíritu Santo en el sacramento de la Confirmación para poder así dar testimonio de Cristo. En el sacramento de la Eucaristíanos nos reunimos en nombre de Dios para luego ser enviados a servir a los demás. La celebración de la Eucaristía es una renovación de nuestro comprimiso de vivir el llamado bautismal. La gracia que recibimos en la Eucaristía nos permite servir a los demás en nombre de Jesús.

Los invito ahora a que se dividan en grupos y dialoguen acerca de lo que han estado escuchando hoy. Tendrán 15 minutos para conversar.

(Reparta las fotocopias de "Guía para el diálogo en grupos pequeños: Llamados a servir". Dígales que usen como guía para el diálogo las preguntas de las fotocopias. Explíqueles cómo dividirse en grupos. Al terminar el período de diálogo, responda a cualquier pregunta o comentario que puedan tener los grupos).

✓ Consejos para el diálogo en grupos pequeños

- Limite de cinco a siete el número de personas en cada grupo.

- Haga que cada grupo se siente entorno a una mesa o hagan un círculo con las sillas.

- Asegúrese de que hay distancia suficiente entre cada grupo para que se centren en su diálogo y no se distraigan.

- Avise a los grupos cuando queden dos minutos para terminar la conversación.

Reflexiona

Pidamos la bendición de Dios antes de continuar hablando de los detalles de este año tan especial de preparación sacramental para sus hijos.

GUÍA: A cada petición responderemos: "Te lo rogamos, óyenos Dios del amor".
   Oramos por nuestros hijos.
   Dios, te damos gracias por el don de nuestros hijos.
   Ayúdalos a continuar creciendo en amistad contigo.
   Te pedimos que siempre sepan lo especiales que son y lo mucho que son amados
   Oremos al Señor:

TODOS: Te lo rogamos, óyenos Dios del amor.

GUÍA: Oramos por los padres de familia.
   Dios nuestro, te pedimos que estés con los padres aquí presentes, quienes buscan enseñar a sus hijos tu amor y bondad. Bendícelos con paciencia, entendimiento y sabiduría.
   Oremos al Señor:

TODOS: Te lo rogamos, óyenos Dios del amor.

GUÍA: Oramos por los miembros de esta parroquia.
   Dios nuestro, te pedimos que todos los que pertenecen a esta parroquia se sientan bienvenidos a nuestra comunidad. Bendícelos con el deseo de compartir sus dones con los demás.
   Ayúdanos a responder con compasión y fe a quienes están necesitados de consuelo y ayuda.
   Oremos al señor:

TODOS: Te lo rogamos, óyenos Dios del amor.

GUÍA: Dios, fuente de toda gracia,

tú nos enviaste a tu Hijo, Jesús, para enseñarnos que la verdadera sabiduría
brota sólo de ti.

Bendice con el Espíritu Santo a estos padres y sus familias.

Llénalos de tu sabiduría.

Haz que durante este año especial de preparación sacramental,

continúen acercándose a ti y sean más conscientes

de tu presencia en su vida y en la vida de sus hijos.

Te lo pedimos por Cristo, nuestro Señor.

TODOS: Amén.

Responde

Veamos ahora algunos de los aspectos específicos del programa de preparación y celebración de la Confirmación y de la Primera Eucaristía de nuestra parroquia.

(Presente un resumen del programa de preparación para los sacramentos de la Confirmación y de la Eucaristía y dígales las expectativas que tiene su parroquia al respecto.

- *Muéstreles los materiales que se usarán en el programa. Enséñeles copias de los libros de los niños* La Eucaristía: don de Dios *y* Mi libro de la misa. *Tenga algunas copias disponibles para que los padres de familia las puedan ojear.*
- *Entrégueles la guía familiar* Juntos: Preparándose en casa para la Primera Eucaristía. *Explíqueles cómo usar en casa estas guías familiares. Menciónelos otros materiales y recursos adicionales dirigidos a familias que pueden encontrar en la página digital del programa www.loyolapress.com/godsgift.*
- *Explíqueles que hay dos lecciones adicionales sobre el sacramento de la Confirmación y que estas se enseñarán como parte de la catequesis infantil.*
- *Distribuya fotocopias de "Preparación para la Confirmación y la Primera Eucaristía: Calendario del programa". Dialoguen sobre su contenido. Explíqueles qué expectativas tienen de quienes participan en el programa, incluyendo los retiros y ensayos.*
- *Reparta las fotocopias "Preparándose en casa para la Confirmación" y "¡Qué buenas preguntas! La Confirmación". Dialoguen acerca de su contenido si es necesario.*
- *Dedique algo de tiempo a preguntas y comentarios).*

Muchas gracias por haber venido. Sabemos que están muy ocupados y les agradecemos que hayan participado en esta reunión. No duden en ponerse en contacto con nosotros si necesitan cualquier cosa mientras se preparan, junto con sus hijos, para el sacramento de la Eucaristía. Estamos aquí para ayudarlos. Llámennos si tienen preguntas, comentarios o sugerencias.

Retiro de la Confirmación y de la Eucaristía según el Orden Restaurado

El "Retiro de la Primera Eucaristía", que se encuentra en la 3ª Parte de esta *Guía para el director del programa*, también se puede usar para la preparación de la celebración de los sacramentos de la Confirmación y de la Eucaristía según el Orden Restaurado. En el "Retiro de la Primera Eucaristía" hay cinco sesiones. Siga las instrucciones que se detallan en las páginas 62–72 y adopte el lenguaje necesario para referirse a la preparación y celebración de los sacramentos de la Confirmación y de la Primera Eucaristía.

Modificaciones para la Sesión 2: Creando estandartes

Añada a los estandartes símbolos de la Confirmación y dialoguen durante la introducción a la actividad acerca de estos símbolos.

Lista modificada de materiales necesarios para esta sesión

- Fotocopias de "Estandartes: Símbolos de la Confirmación y de la Eucaristía". (El original se encuentra en el CD de recursos para el director del programa).
- Patrones de símbolos para que los puedan trazar y recortar los niños (los originales se encuentra en el CD de recursos para el director del programa). Puede alterar el tamaño de estos símbolos haciendo fotocopias más grandes o pequeñas. Los símbolos de la Confirmación son: una paloma y una llama. Los símbolos de la Eucaristía son: hostias, pan, trigo, cáliz, uvas y vino.

Introducción modificada para esta actividad
(Incluya el siguiente texto cuando explique los símbolos de la Confirmación).

La paloma y la llama a menudo se usan como símbolos del Espíritu Santo.

Cuando Jesús fue bautizado se abrieron los cielos y el Espíritu descendió sobre él en forma de paloma. Jesús prometió enviar al Espíritu Santo para ayudarnos. La paloma nos recuerda el don del Espíritu Santo.

La Sagrada Escritura nos cuenta que cuando los discípulos recibieron el Espíritu Santo el día de Pentecostés, el Espíritu Santo se apareció como lenguas de fuego. El fuego nos recuerda que el Espíritu Santo nos transforma y nos fortalece.

Celebrando los sacramentos según el Orden Restaurado

La celebración de los sacramentos según el Orden Restaurado varía entre parroquias y diócesis. Póngase en contacto con la oficina local diocesana para que le aconsejen cómo organizar y planificar su celebración. El obispo sigue siendo el ministro ordinario de los sacramentos aun cuando estos se celebren según el Orden Restaurado. El obispo puede decidir cómo se celebrarán estos sacramentos.

El sacramento de la Confirmación normalmente se confiere durante la misa y los niños que se han preparado para recibir su Primera Comunión lo hacen durante esta misma misa. El sacramento de la Confirmación se debería celebrar fuera de la misa si los niños van a recibir su Primera Comunión en una liturgia aparte (*Ritual para la Confirmación* 13, p.21).

La guía para planificar la Primera Eucaristía (páginas 73–74), junto con el esquema del "Ritual de la Confirmación durante la misa" que le ofrecemos a continuación, se pueden usar para planificar la liturgia de su parroquia. Quizás quiera organizar un ensayo para ayudar a los niños, sus familias y padrinos a participar plenamente en la celebración.

Ritual de la Confirmación durante la misa

Liturgia de la Palabra

Sacramento de la Confirmación
- Presentación de los candidatos.
- Homilía o enseñanza.
- Renovación de las promesas bautismales.
- Imposición de manos.
- Unción con el Crisma.
- Intercesiones generales.

Liturgia de la Eucaristía

Ritual de la Confirmación fuera de la misa

Ritos Iniciales
- Canto de entrada
- Oración inicial

Celebración de la Palabra de Dios

Sacramento de la Confirmación
- Presentación de los candidatos.
- Homilía o enseñanza.
- Renovación de las promesas bautismales.
- Imposición de manos.
- Unción con el Crisma.
- Intercesiones generales.

Padrenuestro

Oración sobre los fieles

El Espíritu Santo nos ayuda

Guía del catequista

LOYOLA PRESS.
A JESUIT MINISTRY
CHICAGO

El Espíritu Santo nos ayuda

Desde la fe: El Espíritu Santo nos ayuda a vivir como discípulos de Jesús.

Retiro de tres minutos

Al iniciar su preparación, deténgase un momento. Respire profundamente. Relájese. Sea consciente de la presencia amorosa de Dios en su interior.

Juan 14:16–17,25–26

[Jesús dijo:] ". . . yo pediré al Padre que les envíe otro Defensor que esté siempre con ustedes: el Espíritu de la verdad . . . Les he dicho esto mientras estoy con ustedes. El Defensor, el Espíritu Santo que enviará el Padre en mi nombre, les enseñará todo y les recordará todo lo que [yo] les he dicho".

Reflexión

Jesús, consciente de que pronto regresaría al Padre, sabe que sus discípulos necesitarán ayuda para poder entender todo lo que les ha enseñado. También necesitarán valentía y fortaleza para llevar a cabo la misión que les está encomendando. Jesús les prometió un Defensor, alguien que los ayudaría, el Espíritu Santo. El Defensor estará con ellos y en ellos para guiarlos y dirigir sus pensamientos y obras. El Espíritu continuará revelándoles la verdad del reino de Dios y los fortalecerá para la misión que están llamados a realizar en nombre de Jesús. Jesús cumple la promesa que hizo a sus discípulos y que nos hizo también a nosotros. En el sacramento de la Confirmación, este don del Espíritu Santo se fortalece en nosotros.

Pregunta

¿Cómo necesito hoy la ayuda del Espíritu Santo?

Oración

Ven, Espíritu Santo. Llena los corazones de tus fieles
y enciende en ellos el fuego de tu amor.

Contexto catequético

El Espíritu Santo es el don de Cristo a la Iglesia. Jesús había prometido este don a sus discípulos, describiendo al Espíritu Santo como un defensor que permanecería siempre con ellos. El Espíritu Santo recordaría a los discípulos todo lo que Jesús les había enseñado. Los apóstoles, mediante el poder del Espíritu Santo, anunciaron la Buena Nueva de Jesús. El Espíritu Santo continúa haciendo posible la misión de la Iglesia.

Los dones del Espíritu Santo describen la ayuda que recibimos cuando permitimos que el Espíritu actúe en nosotros. Los nombres de estos dones —sabiduría, entendimiento, ciencia, consejo, fortaleza, piedad, temor de Dios— están basados en el libro del profeta Isaías 11:1–3 y describen las características del Mesías:

> "Pero retoñará el tocón de Jesé,
> de su cepa rotará un vástago
> sobre el cual se posará
> el Espíritu del Señor:
> espíritu de sensatez e inteligencia,
> espíritu de valor y de prudencia,
> espíritu de conocimiento
> y respeto del Señor".

Gracias a los dones del Espíritu Santo nosotros nos parecemos más a Cristo y nuestra fe se fortalece para que podamos participar con mayor plenitud en la misión de la Iglesia de proclamar la Buena Nueva.

Celebrando nuestra fe en la liturgia

Recibimos al Espíritu Santo en el sacramento del Bautismo. El sacramento de la Confirmación completa la gracia del Bautismo. En el sacramento de la Confirmación oramos para que esos dones del Espíritu Santo se fortalezcan en nosotros. El obispo nos unge con el Crisma y ora diciendo: "Recibe por esta señal el don del Espíritu Santo".

La Biblia en este capítulo

Jesús promete a sus discípulos que les enviará al Espíritu Santo en Juan 14:16–17,25–26. El Espíritu Santo es descrito como un desbordamiento del amor de Dios en Romanos 5:5.

Catecismo de la Iglesia Católica (CIC)

Los efectos del sacramento de la Confirmación se describen en los números 1302–1305 del CIC. La unidad de los sacramentos de iniciación y los requisitos para recibir el sacramento de la Confirmación se describen en 1306–1310 del CIC. Los dones del Espíritu Santo se tratan en el número 1831 del CIC.

Preparación catequética

Antes de comenzar

- Repase el contenido y las actividades de esta lección.
- Haga fotocopias de "Confirmación Capítulo A" del libro del estudiante. Haga con cada juego un librito para dar a cada estudiante.
- Reúna todos los materiales necesarios.
- Prepare el reproductor de CDs pare tenerlo listo para el canto inicial y el ritual de ida y vuelta al Centro de oración.

Preparando la oración

Prepare el Centro de oración tal y como se indica en la página 96 de la *Guía del catequista* del libro de la Eucaristía. Para esta sesión quizás quiera incluir un mantel, una Biblia y una imagen de un símbolo del Espíritu Santo.

Repase las instrucciones de *De camino al Centro de oración* y *Prepare la conclusión*, en la página 96 de la *Guía del catequista* del libro de la Eucaristía.

Cantos y música

- Canto inicial: *Somos familia,* número 1 del CD.
- Música para la procesión al Centro de Oración. Ida: *Tu palabra es una lámpara,* número 2 del CD; vuelta: *Vamos ya,* número 3 del CD.

Confirmación Capítulo A
Guía de preparación

www.loyolapress.com/godsgift

	Pasos	Resultado	Plan de acción	Materiales	Actividades de internet
PARTICIPA	5 minutos Librito del estudiante página 1	• Identificar el tema de esta sesión.	• Canto inicial. • Distribución del Capítulo A de la Confirmación. • Enfoque: Las personas nos ayudan. • Oración inicial.	• Fotocopias del Capítulo A de la Confirmación del libro del Estudiante. • Reproductor de CDs. • Número 1 del CD: *Somos familia.* • Lápices.	
EXPLORA	10 minutos Librito del estudiante página 2	• Describir al Espíritu Santo como aquél a quien Jesús prometió enviarnos para ayudarnos. • Nombrar maneras en las que el Espíritu Santo ayudó a los discípulos.	• Narración bíblica: Jesús prometió enviar a alguien para ayudarnos.	• Libro del estudiante: *La Eucaristía, don de Dios,* páginas 2–3. • Biblia.	• Corazones ardientes.
	10 minutos Librito del estudiante página 3	• Identificar al Espíritu Santo como alguien que nos ayuda. • Nombrar maneras en las que el Espíritu Santo nos ayuda.	• Diálogo: El Espíritu Santo nos ayuda.	• Lápices.	• Ayudados por el Espíritu.
	10 minutos Librito del estudiante página 4–5	• Describir los dones del Espíritu Santo.	• Diálogo: Los dones del Espíritu Santo.	• Biblia. • Pizarrón y gis (o equivalentes). • Lápices.	• Dramatizaciones sobre los dones del Espíritu Santo.
REFLEXIONA	10 minutos Librito del estudiante página 6–7	• Experimentar una oración al Espíritu Santo.	• Oración: Nuestra oración al Espíritu Santo.	• Objetos para el Centro de oración: mantel, Biblia, una imagen con un símbolo del Espíritu Santo. • Reproductor de CDs. • Números 2 y 3 del CD: *Tu palabra es una lámpara* y *Vamos ya.*	• Descansando en el Espíritu.
RESPONDE	5 minutos Librito del estudiante página 8–9	• Identificar palabras y obras que pueden ayudar a otras personas a seguir a Jesús.	• Aplicación a la vida: *Vivo lo que aprendo.*		

Las personas nos ayudan

Confirmación: Capítulo A

El Espíritu Santo nos ayuda

Las personas nos ayudan

Hay muchas personas que nos ayudan. Algunas son nuestros parientes: nuestros padres y abuelos, nuestros hermanos y hermanas, nuestros tíos y tías. Otras son nuestros amigos o vecinos. Algunas nos ayudan mediante su trabajo, como los enfermeros y los policías.

Escribe a continuación otras personas que ayudan a los demás. Cuenta cómo cada una de ellas te pueden ayudar a ti y a los demás.

_____

_____

_____

Espíritu Santo, guíame para que pueda ayudar a los demás.

Introduzca el tema

Al comenzar la sesión, reproduzca el canto inicial: *Somos familia*, número 1 del CD.

Creando contexto

Pida a los niños que miren la página 1 del Capítulo A de la Confirmación. Léales en voz alta el título y pídales que se fijen en las fotografías.

Pida a un voluntario que lean en voz alta el primer párrafo.

Léales usted las instrucciones que están debajo de las fotos y ayude a los niños a hacer una lista de personas que los ayudan.

Anime a los niños a que platiquen acerca de cómo las personas de las fotos y las que han nombrado ellos mismos en su lista ayudan a los demás.

Dígales que la lección de hoy trata del Espíritu Santo, a quien Jesús envió para ayudarnos.

Oren juntos

Pida a los niños que pongan atención a la oración. Invítelos a rezar juntos y en voz alta. A continuación, esperen unos segundos en silencio y terminen diciendo en oración: Amén.

Jesús prometió enviar a alguien para ayudarnos

Introduzca el tema

Recuerde a los niños el relato bíblico del Capítulo 1 de *La Eucaristía: don de Dios* ("La venida del Espíritu Santo"). Hágalo enseñándoles las páginas 2 y 3 del libro del estudiante de la Eucaristía.

Presente el tema

Pida a los niños que abran sus libritos de la Confirmación en la página 2. Pida a un voluntario que lea en voz alta el título y el texto en la parte superior de la página.

Levante la Biblia del lugar donde está en el Centro de oración y ábrala en el Evangelio según san Juan 14:16,26. Elévela para que todos puedan verla y después devuélvala a su sitio abierta por ese pasaje. Pida a los niños que escuchen atentamente mientras que usted les lee en voz alta el relato bíblico de la página 2 del librito de Confirmación.

A continuación, hágales las siguientes preguntas para asegurarse de que los niños han entendido el relato bíblico:

- ¿Cómo iba a ayudar el Espíritu Santo a los discípulos de Jesús?
- ¿Durante cuánto tiempo iba a estar el Espíritu Santo con los discípulos?

A continuación, pida a un voluntario que lea en voz alta el último párrafo de esta página.

Jesús prometió enviar a alguien para ayudarnos

Los discípulos se acordaron de lo que Jesús les había dicho acerca del Espíritu Santo.

Jesús dijo a sus discípulos: "Le pediré al Padre que les envíe alguien para que les ayude. El Espíritu Santo vendrá para ayudarles. Él siempre estará con ustedes. El Espíritu Santo les enseñará todo y les recordará todo lo que yo les he contado".

adaptado de Juan 14:16,26

El Espíritu Santo ayudó a los discípulos a recordar lo que Jesús les había enseñado. Entonces los discípulos se marcharon para contar a todo el mundo quién es Jesús. No tenían miedo. Sabían que el Espíritu Santo estaría siempre con ellos.

2   Don de Dios: La Reconciliación & la Eucaristía

ACTIVIDAD DE INTERNET
www.loyolapress.com/godsgift

Corazones ardientes.

El Espíritu Santo nos ayuda

El Espíritu Santo nos ayuda

Cuando fuimos bautizados, nosotros también recibimos el Espíritu Santo. Él está siempre con nosotros. Él es quien nos ayuda.

El Espíritu Santo nos ayuda a creer.

El Espíritu Santo nos ayuda a orar.

El Espíritu Santo nos ayuda a demostrar nuestro amor por los demás.

El Espíritu Santo nos ayuda a ser más como Jesús.

Con el sacramento de la Confirmación, nos fortalecemos en nuestra fe católica. El Espíritu Santo, en nosotros, nos ayuda a vivir como verdaderos hijos e hijas de Dios.

 Pienso en esto

El Espíritu Santo nos une y nos hace uno con Cristo y la Iglesia.

Libro del estudiante · Confirmación: Capítulo A

3

El Espíritu Santo nos ayuda

Pida a los niños que pasen a la página 3. Pida a un voluntario que lea en voz alta el primer párrafo.

A continuación, léales usted en voz alta las cuatro frases. Pídales que tracen las letras incompletas que forman las palabras importantes. Léales de nuevo en voz alta las frases, ahora ya completas con el trazado de las palabras importantes.

Pida a un voluntario que lea en voz alta el último párrafo de la página.

Pienso en esto: Pida a un voluntario que lea en voz alta este recuadro. Asegúrese de que los niños saben que estamos unidos a Cristo y a la Iglesia a través del Espíritu Santo.

Verificando la comprensión

Pida a los niños que sin mirar en sus libritos, mencionen las maneras con las que el Espíritu Santo nos ayuda (*nos ayuda a creer, a orar, a demostrar nuestro amor por los demás, a ser más como Jesús*).

 ACTIVIDAD DE INTERNET

www.loyolapress.com/godsgift

Ayudados por el Espíritu.

Los dones del Espíritu Santo

Creando vínculos

Descríbales algunas situaciones reales y pregunte a los niños cómo podría alguien ayudar en cada situación *(Por ejemplo: tu amigo necesita un lápiz para hacer la tarea de la escuela o tu hermanita no puede alcanzar un juguete porque está guardado muy alto).*

Presente el tema

Pida a los niños que abran sus libritos en la página 4. Léales en voz alta el primer párrafo.

Pídales que subrayen los cuatro dones del Espíritu Santo que aparecen en esta página a medida que usted se los menciona. Pida a los niños que repitan los nombres de los dones después de usted.

A continuación, pida voluntarios para que lean en voz alta las descripciones que se hacen en esta página de los dones del Espíritu Santo.

Los dones del Espíritu Santo

El Espíritu Santo nos ayuda dándonos siete regalos especiales. A estos regalos los llamamos los dones del Espíritu Santo.

El don de la sabiduría nos ayuda a darnos cuenta de lo importante que Dios es para nosotros.

El don del entendimiento nos ayuda a creer todo lo que Dios nos enseña.

El don de la ciencia nos ayuda a aprender acerca de lo que creemos.

El don del consejo nos ayuda a seguir el camino de Dios.

4

Don de Dios: La Reconciliación & la Eucaristía

El don de la fortaleza nos ayuda a hacer el bien, incluso si esto es algo difícil de hacer.

El don de la piedad nos lleva a la oración. Hablamos con Dios y escuchamos lo que él nos dice.

El don del temor de Dios nos ayuda a saber lo maravilloso que es Dios.

Estos dones nos guían para que podamos tomar buenas decisiones. Nos ayudan para que podamos cumplir los Diez Mandamientos. Nos dan la ayuda que necesitamos para ser fieles seguidores de Jesús.

Escucho la Palabra de Dios

. . . el amor de Dios ha sido derramado en nuestro corazón por el don del Espíritu Santo.

Romanos 5:5

Libro del estudiante · Confirmación: Capítulo A

5

ACTIVIDAD DE INTERNET

www.loyolapress.com/godsgift

Dramatizaciones sobre los dones del Espíritu Santo.

Pida a los niños que subrayen, mientras usted los pronuncia, los otros tres dones del Espíritu Santo que figuran en la página 5. Pídales que los repitan después de usted.

Pida voluntarios para que lean en voz alta las descripciones de los dones.

Léales en voz alta el último párrafo. Pida a los niños que describan qué es lo que los dones del Espíritu Santo pueden hacer por ellos (*Guiarlos a la hora de tomar decisiones; ayudarlos a seguir los Diez Mandamientos y el ejemplo de Jesús*).

Escucho la palabra de Dios: Dirija la atención de los niños a la Biblia colocada en el Centro de oración. Pida a un voluntario que lea en voz alta este recuadro, el cual nos cuenta lo que san Pablo dice acerca del Espíritu Santo. Asegúrese de que los niños entiendan que los dones del Espíritu Santo nos son otorgados como señal del amor de Dios.

Verificando la comprensión

Haga que los niños cierren sus libritos y participen en este juego para repasar el tema. Escriba en el pizarrón la primera y una pocas letras más de cada don del Espíritu Santo (*por ejemplo: f_ _ t___z_, para "fortaleza"*). Rete al grupo a nombrar todos los dones usando las letras como pistas. Complete cada don a medida que lo adivinen y dialoguen acerca de cómo nos ayuda.

Nuestra oración al Espíritu Santo

Prepárense para la oración

Pida a los niños que abran sus libritos en la página 6. Pida a un voluntario que lea en voz alta el primer párrafo.

Fortalecidos en la fe: Presente la oración leyéndoles en voz alta este recuadro. Recuerde a los niños que el Espíritu Santo nos ayuda cuando oramos.

Miren juntos "Nuestra oración al Espíritu Santo", en las páginas 6 y 7. Repase cualquier palabra que no conozcan los niños para que así puedan hacer la oración sin inconvenientes.

De camino al Centro de oración

Repase, si es necesario, los pasos a seguir para proceder al Centro de oración [Vea la página 96 de la *Guía del catequista* del libro de la Eucaristía]. De camino al Centro de oración, reproduzca *Tu palabra es una lámpara* (número 2 en el CD). Pida a los niños que lleven su librito de este capítulo y que lo abran en las páginas 6 y 7.

Guíe la oración

Invite a los niños a unirse a usted haciendo, de forma orante, la señal de la cruz.

Continúe orando las palabras del Guía de la página 6.

Deles un momento de silencio después de leer la pregunta que aparece al final de la página.

Nuestra oración al Espíritu Santo

Somos hijos e hijas de Dios. Somos seguidores de Jesús. El Espíritu Santo nos guiará en nuestro camino para vivir una vida santa.

Fortalecidos en la fe

Oramos al Espíritu Santo. Recordamos que él nos ayuda. Los dones del Espíritu Santo nos ayudan a crecer fuertes en la fe y en nuestro amor por Dios.

Todos hacen juntos la señal de la cruz.

GUÍA: Abramos nuestro corazón al Espíritu Santo, quien nos fortalece en la fe.

Piensa qué ayuda te gustaría recibir del Espíritu Santo. ¿Qué don del Espíritu Santo necesitas especialmente hoy?

6
Don de Dios: La Reconciliación & la Eucaristía

Continúe con la oración como se indica en la página 7.

Guíe a los niños para que reciten junto a usted la Oración al Espíritu Santo.

Terminen la oración recitando el Gloria juntos.

Prepare la conclusión

Deténgase unos momentos al finalizar la oración. Reproduzca *Vamos ya*, número 3 en el CD y pida a los niños que regresen a sus asientos en procesión, siguiendo el ritual que han aprendido (Vea la página 96 de la *Guía del catequista* del libro de la Eucaristía).

Cuando hago oración: Pida a un voluntario que lea en voz alta este recuadro.

Usando tus propias palabras, pídele en silencio ayuda al Espíritu Santo.

Ahora, oremos juntos la oración al Espíritu Santo:

TODOS: Ven, Espíritu Santo. Llena los corazones de tus fieles, y enciende en ellos el fuego de tu amor.
Envía, Señor, tu Espíritu, y todo será de nuevo creado, y renovarás la faz de la tierra.

GUÍA: Terminemos nuestra oración alabando a la Santísima Trinidad.

TODOS: Gloria al Padre, y al Hijo, y al Espíritu Santo. Como era en el principio, ahora y siempre, por los siglos de los siglos. Amén.

Cuando hago oración

Abro mi corazón para recibir los dones del Espíritu Santo. Recuerdo que el Espíritu Santo me ayuda a orar.

ACTIVIDAD DE INTERNET
www.loyolapress.com/godsgift

Descansando en el Espíritu.

Recuerdo lo que aprendo

Recuerdo lo que aprendo

Haga que los niños tomen turnos leyendo las frases de esta sección para así repasar el tema. Responda a cualquier pregunta que puedan tener los niños.

Vivo lo que aprendo

Pida a un voluntario que lea en voz alta las frases de la sección *Vivo lo que aprendo,* en la página 8. Invite a los niños a que elijan algo que harán a lo largo de esta semana para ayudar a los demás a seguir a Jesús. Pida voluntarios para que, si quieren, cuenten al grupo qué harán durante la semana.

Resumen del capítulo

Al concluir este capítulo los niños habrán aprendido acerca de su fe que:

- Jesús prometió enviar al Espíritu Santo para ayudarnos.
- Los dones del Espíritu Santo nos ayudan a proclamar a Jesús a los demás y a vivir como Jesús nos enseñó.

Recuerdo lo que aprendo

- Recibo el Espíritu Santo durante el Bautismo.
- El Espíritu Santo me ayuda a creer, a orar y a ser más como Jesús.
- Los dones del Espíritu Santo se fortalecen en mí mediante el sacramento de la Confirmación.

Vivo lo que aprendo

- Hago oración al Espíritu Santo para que me ayude.
- Vivo como Jesús quiere que viva gracias a la ayuda del Espíritu Santo.
- Ayudo a los demás a seguir a Jesús.

8

Don de Dios: La Reconciliación & la Eucaristía

Comparto con mi familia: Anime a los niños a platicar con sus familias acerca de la ayuda que nos da el Espíritu Santo.

Conozco estas palabras

Asegúrese de que los niños comprenden las palabras de la página 9 tal y como se definen en el glosario que sigue a continuación. Si hay tiempo suficiente, haga que los niños usen por turnos estas palabras en frases.

Glosario

Dones del Espíritu Santo: las ayudas que nos da el Espíritu Santo que hacen posible que podamos hacer lo que nos pide Dios.

Espíritu Santo: la tercera Persona de la Santísima Trinidad, quien nos ha sido enviado para ayudarnos y quien, mediante el Bautismo y la Confirmación, nos llena de la vida de Dios.

Concluyan la lección orando juntos la oración que aparece en la página 9.

Punto de revisión

- ¿Son capaces los niños de identificar al Espíritu Santo como a aquél que Jesús prometió enviarnos para ayudarnos?
- ¿Son capaces los niños de describir cómo nos ayudan los dones del Espíritu Santo?

Comparto con mi familia

El sacramento de la Confirmación fortalece los dones del Espíritu Santo que tenemos en nuestro interior. Con tu familia, dialoguen acerca de cómo los dones del Espíritu Santo les pueden ayudar a fortalecer su fe.

Conozco estas palabras

- Dones del Espíritu Santo
- Espíritu Santo

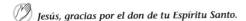 *Jesús, gracias por el don de tu Espíritu Santo.*

Estamos vivos en el Espíritu Santo

Guía del catequista

LOYOLA PRESS.
A JESUIT MINISTRY
CHICAGO

Estamos vivos en el Espíritu Santo

Desde la fe: Recibimos la fuerza necesaria para dar testimonio de Jesús.

Retiro de tres minutos

Al iniciar su preparación, deténgase un momento. Respire profundamente. Relájese. Sea consciente de la presencia amorosa de Dios en su interior.

Gálatas 5:22–23,25
. . . el fruto del Espíritu es amor, alegría, paz, paciencia, amabilidad, bondad, fidelidad, modestia, dominio propio . . . Si vivimos por el Espíritu, sigamos al Espíritu.

Reflexión
Nosotros no podemos ver al Espíritu Santo, pero reconocemos sus efectos cuando actúa en y mediante nosotros. San Pablo denomina a estos efectos "frutos del Espíritu Santo". Los frutos se hacen notar en nuestras palabras y obras, dando evidencia de nuestra cooperación con la presencia activa del Espíritu Santo. Esto indica que estamos viviendo una vida de santidad y dando testimonio de Cristo a los demás a través de nuestra vida santa.

Pregunta
¿Cuándo he observado los frutos del Espíritu Santo en los demás y en mí?

Oración
Espíritu Santo, fortalece tu presencia en mí de manera que pueda dar fiel testimonio de Jesús.

Contexto catequético

Los símbolos del Espíritu Santo nos transmiten el poder del Espíritu y la manera en la que el Espíritu Santo actúa en nuestra vida. El Espíritu Santo, como el fuego, nos transforma y nos fortalece. Al igual que el viento, sabemos que el Espíritu Santo actúa en nosotros y a nuestro alrededor. Aunque no podemos ver al Espíritu Santo, sí vemos su efecto en nuestra vida. La obra del Espíritu Santo en nosotros se manifiesta a través de los frutos del Espíritu, cualidades que se hacen notar en nuestras palabras y acciones.

Los frutos del Espíritu Santo se mencionan en la carta de san Pablo a los Gálatas. La Iglesia ha añadido a esta lista otros, con los que suman 12 los frutos del Espíritu Santo: Amor, alegría, paz, paciencia, amabilidad, bondad, fidelidad, modestia, dominio propio, benignidad, mansedumbre y castidad. El sacramento de la Confirmación fortalece la presencia activa del Espíritu Santo en nosotros, la cual nos hace santos. Los efectos de la presencia activa del Espíritu Santo en nosotros se hacen notar a través de los frutos del Espíritu Santo.

Celebrando nuestra fe en la liturgia

El obispo es el ministro ordinario del sacramento de la Confirmación. Quienes se van a confirmar renuevan las promesas de su Bautismo y profesan su fe. El obispo ora para que recibamos los dones del Espíritu Santo. Este sacramento es otorgado mediante la imposición de manos y la unción con el Crisma acompañadas de las palabras: "Recibe por esta señal el don del Espíritu Santo".

La Biblia en este capítulo

Los frutos del Espíritu Santo se mencionan en Gálatas 5:22–23. La carta a los Romanos 8:14 menciona cómo nos convertimos en hijos de Dios a través del Espíritu Santo.

Catecismo de la Iglesia Católica (CIC)

La necesidad de recibir el sacramento de la Confirmación se describe en el número 1285 del CIC. La historia del sacramento de la Confirmación se presenta brevemente en los números 1288–1289 del CIC. Los signos esenciales del Rito de la Confirmación se describen en los números 1293–1301 del CIC. Los frutos del Espíritu Santo se tratan en el número 1832 del CIC.

Preparación catequética

Antes de comenzar

- Repase el contenido y las actividades de esta lección.
- Haga fotocopias de "Confirmación Capítulo B" del libro del estudiante. Haga con cada juego un librito para dar a cada estudiante.
- Reúna todos los materiales necesarios.
- Prepare el reproductor de CDs pare tenerlo listo para el canto inicial y el ritual de ida y vuelta al Centro de oración.

Preparando la oración

Prepare el Centro de oración tal y como se indica en la página 96 de la *Guía del catequista* del libro de la Eucaristía. Para esta sesión quizás quiera incluir un mantel, una Biblia y una imagen de un símbolo del Espíritu Santo.

Repase las instrucciones de *De camino al Centro de oración* y *Prepare la conclusión*, en la página 96 de la *Guía del catequista* del libro de la Eucaristía.

Cantos y música

- Canto inicial: *Somos familia,* número 1 del CD.
- Música para la procesión al Centro de Oración. Ida: *Tu palabra es una lámpara,* número 2 del CD; vuelta: *Vamos ya,* número 3 del CD.

Confirmación Capítulo B
Guía de preparación

www.loyolapress.com/godsgift

	Pasos	Resultado	Plan de acción	Materiales	Actividades de internet
PARTICIPA	🕐 **5 minutos** Librito del estudiante página 11	• Identificar el tema de esta sesión.	• Canto inicial. • Distribución del Capítulo B de la Confirmación. • Enfoque: Visto y oído. • Oración inicial.	• Fotocopias del Capítulo B de la Confirmación del libro del Estudiante. • Reproductor de CDs. • Número 1 del CD: *Somos familia.*	
EXPLORA	🕐 **10 minutos** Librito del estudiante página 12	• Identificar los frutos del Espíritu Santo. • Dialogar acerca de cómo la presencia activa del Espíritu Santo en nuestra vida nos hace santos.	• Diálogo: Los frutos del Espíritu Santo.	• Biblia.	• El túnel del viento del Espíritu Santo.
	🕐 **10 minutos** Librito del estudiante página 13	• Dialogar acerca de la importancia del sacramento de la Confirmación. • Identificar obras que sean ejemplo de los frutos del Espíritu Santo.	• Diálogo: El Espíritu Santo en mí.	• Lápices.	• Las llamas del Espíritu.
	🕐 **10 minutos** Librito del estudiante página 14–15	• Describir las partes del Rito de la Confirmación.	• Diálogo: Sellados con el Espíritu.	• Biblia. • Lápices.	• Sellados con el Espíritu.
REFLEXIONA	🕐 **10 minutos** Librito del estudiante página 16–17	• Orar las promesas bautismales.	• Oración: La renovación de las promesas bautismales.	• Objetos para el Centro de oración: mantel, Biblia, una imagen con un símbolo del Espíritu Santo. • Reproductor de CDs. • Números 2 y 3 del CD: *Tu palabra es una lámpara y Vamos ya.*	
RESPONDE	🕐 **5 minutos** Librito del estudiante página 18–19	• Identificar los frutos del Espíritu Santo en palabras y acciones.	• Aplicación a la vida: *Vivo lo que aprendo.*		• Repaso de palabras asociadas a la Confirmación.

Visto y oído

Confirmación: Capítulo B

Estamos vivos en el Espíritu Santo

Visto y oído

¿Qué está pasando en este dibujo? ¿Cómo lo sabes?

No podemos ver el viento, pero sabemos que está ahí. Podemos sentirlo. Podemos ver cómo mueve las cosas. Si hay mucho viento, incluso lo podemos oír.

Espíritu Santo, tú nos amas. Abre mi corazón para que me dé cuenta de que tú actúas en mi vida.

Introduzca el tema

Al comenzar la sesión, reproduzca el canto inicial: *Somos familia*, número 1 del CD. Invite a los niños a cantar junto con la grabación a medida que se familiaricen con las palabras.

Creando contexto

Pida a los niños que miren la página 11. Léales en voz alta el título y pídales que se fijen en el dibujo. Dialoguen acerca de las dos preguntas al principio de la página.

Léales en voz alta el resto del texto. Dígales que la lección de hoy va a tratar de cómo el Espíritu Santo, aunque no podemos verlo, actúa en nuestra vida.

Oren juntos

Pídales a los niños que pongan atención a la oración. Invítelos a rezar juntos y en voz alta. A continuación, esperen unos segundos en silencio y terminen diciendo en oración: Amén.

Los frutos del Espíritu Santo

Introduzca el tema

Explique a los niños cómo el viento simboliza al Espíritu Santo. Platiquen de cómo sabemos que hay viento porque vemos lo que hace, aunque no podemos ver al viento en sí. De igual manera sabemos que el Espíritu Santo actúa en nosotros porque, aunque no podemos ver al Espíritu, sí podemos notar los efectos de su presencia activa.

Presente el tema

Pida a los niños que abran sus libros en la página 12. Pida a un voluntario que lea en voz alta el primer párrafo.

📖 Levante la Biblia del lugar donde está en el Centro de oración y después devuélvala a su sitio abierta por la carta de san pablo a los Gálatas. Pida a los niños que escuchen atentamente mientras que les lee el relato bíblico de la página 12 del librito de Confirmación.

A continuación, pida a un voluntario que lea en voz alta los dos últimos párrafos de esta página.

Verificando la comprensión

- Para repasar con los niños pregúnteles: ¿Qué son los frutos del Espíritu Santo? *(signos de la presencia activa del Espíritu en nuestra vida)*; ¿Cuántos son los frutos del Espíritu Santo? *(12)*.
- Pida a los niños que subrayen los 12 frutos del Espíritu Santo. Asegúrese de que comprenden cada una de las palabras.

Los frutos del Espíritu Santo

No podemos ver al Espíritu Santo, pero sabemos que el Espíritu Santo actúa y obra en nuestra vida. San Pablo nos dice cómo podemos saber esto:

> . . . el fruto del Espíritu es amor, alegría, paz, paciencia, amabilidad, bondad, fidelidad, modestia, dominio propio.
>
> *Gálatas 5:22–23*

El Espíritu Santo actúa en nosotros cuando ofrecemos nuestra ayuda a los demás, cuando compartimos lo que tenemos o cuando hablamos bien de y con los demás. Cuando vivimos como Dios quiere, entonces nos convertimos en personas llenas de amor y alegría. Todas nuestras buenas palabras y acciones son frutos del Espíritu Santo.

San Pablo menciona nueve frutos del Espíritu Santo. La Iglesia católica añade la benignidad, la mansedumbre y la castidad. En total son doce los frutos del Espíritu Santo.

12

 ACTIVIDAD DE INTERNET

www.loyolapress.com/godsgift

El túnel del viento del Espíritu Santo.

El Espíritu Santo en mí

El Espíritu Santo en mí

Mediante el sacramento de la Confirmación, el Espíritu Santo nos fortalece. Nos unimos a Jesús y, por la gracia de Dios, somos santificados.

A continuación, completa la primera frase nombrando un fruto del Espíritu Santo. En la siguiente frase, escribe una acción que muestra cómo el Espíritu Santo obra en ti.

Sé que el Espíritu Santo obra en mi cuando actúo/me

comporto con: _____

_____ .

Puedes ver este fruto del Espíritu Santo en mí cuando yo:

_____

_____ .

Pienso en esto

En el sacramento de la Confirmación, recibo un sello espiritual imborrable. Es por esto que sólo me confirmo una sola vez.

ACTIVIDAD DE INTERNET

www.loyolapress.com/godsgift

Las llamas del Espíritu.

Creando vínculos

Describa para los niños palabras o una obra que sean ejemplo de uno de los frutos del Espíritu Santo. Pida a los niños que identifiquen cuál de los frutos del Espíritu Santo se deja notar en esa situación *(por ejemplo: Marta quiere decirle a su hermanito que se dé prisa y termine su almuerzo para así poder ir al zoológico. Pero en lugar de hacer esto, Marta se sienta a su lado y le ayuda a cortar la fruta que se está comiendo. Esta situación ilustra la paciencia o la bondad).* Si hay tiempo suficiente, ofrézcales otros ejemplos que ilustren otros frutos del Espíritu Santo.

Presente el tema

Pida a los niños que abran sus libritos en la página 13. Pida a un voluntario que lea en voz alta el primer párrafo. Seguidamente, léales las instrucciones que aparecen en el siguiente párrafo y ayude a los niños a completar las frases que siguen a continuación.

Pienso en esto: Pida a un voluntario que lea en voz alta este recuadro. Pregúnteles a los niños qué otro sacramento de iniciación sólo se recibe una vez *(el Bautismo).*

Sellados con el Espíritu

Creando vínculos

Pida a los niños que mencionen las personas que es posible que estén presentes cuando celebren su Confirmación (*padrino, madrina, padres, hermanos, abuelos, padrinos de Bautismo*).

Presente el tema

Pida a los niños que abran sus libritos en la página 14. Dígales que van a aprender cómo se celebra el sacramento de la Confirmación.

Léales en voz alta el primer paso del Rito de la Confirmación. Explique a los niños que más tarde, cuando hagan la oración juntos, ellos renovarán algunas de las promesas bautismales. Pida voluntarios para que lean los dos siguientes pasos. Invite a los niños a numerar los pasos.

Escucho la palabra de Dios: Dirija la atención de los niños a la Biblia colocada reverentemente en el Centro de oración. Pida a un voluntario que lea en voz alta este recuadro.

Asegúrese de que los niños comprenden que el sacramento de la Confirmación los ayudará a vivir como hijos de Dios de una manera aún más plena. Dígales que a continuación van a aprender más acerca de cómo se celebra el sacramento de la Confirmación.

Sellados con el Espíritu

Así es como celebro el sacramento de la Confirmación:

Renuevo las promesas que se hicieron en mi nombre durante mi Bautismo. Prometo rechazar el pecado y vivir como hijo o hija de Dios.

El obispo extiende sus manos sobre mí y sobre todos los que van a ser confirmados. El obispo ora para que recibamos los dones del Espíritu Santo.

Yo oro a Dios, nuestro Padre, para que me fortalezca y así yo pueda ser más como Jesucristo, su Hijo.

 Escucho la Palabra de Dios

Todos los que se dejan llevar por el Espíritu de Dios son hijos de Dios.

Romanos 8:14

14

Don de Dios: La Reconciliación & la Eucaristía

A continuación, mi padrino —que está junto a mí— me presenta al obispo. El obispo me unge con un aceite sagrado, llamado crisma, con el que traza la señal de la cruz en mi frente.

El obispo me llama por mi nombre de confirmación y dice en oración: "[Nombre], recibe por esta señal el don del Espíritu Santo".

Entonces el obispo me da la paz.
 Él dice: "La paz esté contigo".
 Y yo respondo: "Y con tu espíritu".

Cuando celebro

Como nombre de confirmación, puedo usar el mismo nombre que recibí durante mi Bautismo o puedo elegir un nombre nuevo.

ACTIVIDAD DE INTERNET
www.loyolapress.com/godsgift

Sellados con el Espíritu.

Pida a un voluntario que lea en voz alta el siguiente paso de este sacramento, que se menciona en la parte superior de la página 15. Explíqueles que la unción con óleo (aceite) significa que quienes se confirman comparten ahora la plenitud del Espíritu Santo. Diga a los niños que su padrino o madrina estará parado junto a cada uno de ellos, como signo de que los ayudarán a vivir vidas santas.

Pida a un voluntario que lea en voz alta el siguiente paso. Dialoguen acerca de la importancia de de los nombres. Pídales que compartan con el grupo historias relacionadas con sus propios nombres *(por ejemplo: haber recibido el mismo nombre que un abuelo, un hermano mayor ayudó a elegir el nombre de un hermano pequeño, su padre o madre fue quien eligió su nombre).*

Pida a un voluntario que lea en voz alta el último paso de la celebración de la Confirmación. Practique con los niños cómo darse la paz. A continuación, pídales que enumeren los pasos del sacramento del uno al seis.

Cuando celebro: Léales en voz alta este recuadro. Pregunte a los niños si han elegido un nombre de Confirmación o si han decidido usar su nombre de pila. Pídales que expliquen su decisión.

Verificando la comprensión

Repase con los niños las seis partes de la celebración del sacramento de la Confirmación.

La renovación de las promesas bautismales

Prepárense para la oración

Pida a los niños que abran sus libritos en la página 16. Pida a un voluntario que lea en voz alta el primer párrafo.

Hijos e hijas de Dios: Presente la oración leyéndoles en voz alta este recuadro. Recuerde a los niños que la Confirmación nos ayuda a vivir nuestras promesas bautismales.

De camino al Centro de oración

Repase, si es necesario, los pasos a seguir para proceder al Centro de oración [Vea la página 96 de la *Guía del catequista* del libro de la Eucaristía]. De camino al Centro de oración, reproduzca *Tu palabra es una lámpara* (número 2 en el CD). Pida a los niños que lleven su librito de este capítulo y que lo abran en las páginas 16 y 17.

Practique con los niños sus respuestas, marcadas con "Todos". Anímelos a responder con convicción mientras renuevan las promesas bautismales.

Guíe la oración

Invite a los niños a unirse a usted haciendo, de forma orante, la señal de la cruz. Continúen la oración recitando las palabras del Guía de la página 16. A continuación, renueven las promesas bautismales, indicando a los niños cuándo deben responder.

La renovación de las promesas bautismales

Nuestros padres y padrinos hablaron en nuestro nombre durante nuestro Bautismo. Hoy, en nuestra oración, seremos nosotros mismos quienes proclamaremos nuestra fe.

Hijos e hijas de Dios

Con el sacramento de la Confirmación, la gracia del Bautismo llega a su plenitud. El Espíritu Santo nos ayuda a vivir como hijos e hijas de Dios con mayor plenitud.

Todos hacen juntos la señal de la cruz.

GUÍA: En silencio, da gracias a Dios por haberte hecho su hijo especial. Pídele al Espíritu Santo que te ayude a fortalecer tu fe. Juntos, digamos no al pecado y proclamemos nuestra fe en Jesús. Renovemos las promesas de nuestro Bautismo.

¿Renuncias a Satanás, al pecado y a todo mal?

TODOS: Sí, renuncio.

GUÍA: ¿Crees en Dios, Padre todopoderoso, Creador del cielo y de la tierra?

TODOS: Sí, creo.

16

Don de Dios: La Reconciliación & la Eucaristía

Continúe con la oración como se indica en la página 17. Terminen la oración haciendo juntos, de forma orante, la señal de la cruz.

Prepare la conclusión

Deténgase unos momentos al finalizar la oración. Reproduzca *Vamos ya*, número 3 en el CD, y pida a los niños a que regresen a sus asientos en procesión, siguiendo el ritual que han aprendido (Vea la página 96 de la *Guía del catequista* del libro de la Eucaristía).

Cuando hago oración: Pida a un voluntario que lea en voz alta este recuadro. Anime a los niños a recordar que el Espíritu Santo los ayuda y guía.

GUÍA: ¿Crees en Jesucristo, su único Hijo, nuestro Señor?

TODOS: Sí, creo.

GUÍA: ¿Crees en el Espíritu Santo?

TODOS: Sí, creo.

GUÍA: Esta es nuestra fe. Esta es la fe de la Iglesia. Espíritu Santo, aumenta tu presencia en nuestra vida, para que podamos ser fieles a las promesas que hemos hecho. Ayúdanos a guiar a los demás hacia Cristo.

TODOS: Amén.

Todos hacen juntos la señal de la cruz.

Cuando hago oración

Recuerdo que el Espíritu Santo me ayuda a fortalecer mi fe. Le pido al Espíritu Santo que me ayude a vivir como hijo o hija de Dios.

Recuerdo lo que aprendo

Recuerdo lo que aprendo

Haga que los niños tomen turnos leyendo las frases de esta sección para así repasar el tema. Responda a cualquier pregunta que puedan tener los niños.

Vivo lo que aprendo

Pida a un voluntario que lea en voz alta las frases de la sección *Vivo lo que aprendo,* en la página 18. Invite a los niños a que elijan algo que harán a lo largo de esta semana que demostrará que están viviendo como Jesús nos enseñó.

Resumen del capítulo

Al concluir este capítulo los niños habrán aprendido acerca de su fe que:

- Los frutos del Espíritu Santo son señales de que el Espíritu está actuando en nosotros.
- En el sacramento de la Confirmación nos hacemos santos por medio de la gracia de Dios.
- Cuando nos confirmamos, el obispo nos unge con el crisma y nos sella con los dones del Espíritu Santo.

Recuerdo lo que aprendo

- Los frutos del Espíritu Santo son señales de que el Espíritu Santo actúa en mí.
- Recibo el sacramento de la Confirmación sólo una vez.
- Cuando me confirmo, el obispo me unge con el crisma y dice: "Recibe por esta señal el don del Espíritu Santo".

Vivo lo que aprendo

- Soy bondadoso y educado con lo que digo.
- Trato a los demás con respeto y educación.
- Le pido al Espíritu Santo que me ayude a fortalecer mi fe.

18

Don de Dios: La Reconciliación & la Eucaristía

Comparto con mi familia

El sacramento de la Confirmación nos fortalece en la fe. Dialoguen acerca de cómo tu familia vive la fe mediante lo que dice y hace.

Conozco estas palabras

- Crisma
- Frutos del Espíritu Santo
- Padrino

 Espíritu Santo, fortalécenos para que seamos seguidores de Jesús llenos de fe.

ACTIVIDAD DE INTERNET

www.loyolapress.com/godsgift

Repaso de palabras asociadas a la Confirmación.

Comparto con mi familia: Anime a los niños a platicar con sus familias acerca de cómo viven su fe.

Conozco estas palabras

Asegúrese de que los niños comprenden las palabras de la página 19 tal y como se definen en el glosario que sigue a continuación. Use la actividad de internet para repasar las palabras asociadas a la Confirmación que se mencionan en los capítulos A y B.

Concluyan la lección orando juntos la oración que aparece al final de esta página.

Glosario

Crisma: aceite u óleo perfumado, consagrado por el obispo y que se usa para la Confirmación.

Frutos del Espíritu Santo: las maneras en las que actuamos porque Dios vive en nosotros.

Padrino (o madrina): la persona que está junto al candidato para la Confirmación cuando éste es confirmado por el obispo.

Punto de revisión

- ¿Son capaces los niños de platicar acerca de los frutos del Espíritu Santo?
- ¿Son capaces los niños de describir las partes del Rito de la Confirmación?

El Espíritu Santo nos ayuda

Libro del estudiante

LOYOLA PRESS.
A JESUIT MINISTRY
CHICAGO

El Espíritu Santo nos ayuda

Las personas nos ayudan

Hay muchas personas que nos ayudan. Algunas son nuestros parientes: nuestros padres y abuelos, nuestros hermanos y hermanas, nuestros tíos y tías. Otras son nuestros amigos o vecinos. Algunas nos ayudan mediante su trabajo, como los enfermeros y los policías.

Escribe a continuación otras personas que ayudan a los demás. Cuenta cómo cada una de ellas te pueden ayudar a ti y a los demás.

_____

_____

_____

Espíritu Santo, guíame para que pueda ayudar a los demás.

Jesús prometió enviar a alguien para ayudarnos

Los discípulos se acordaron de lo que Jesús les había dicho acerca del Espíritu Santo.

Jesús dijo a sus discípulos: "Le pediré al Padre que les envíe alguien para que les ayude. El Espíritu Santo vendrá para ayudarles. Él siempre estará con ustedes. El Espíritu Santo les enseñará todo y les recordará todo lo que yo les he contado".

adaptado de Juan 14:16,26

El Espíritu Santo ayudó a los discípulos a recordar lo que Jesús les había enseñado. Entonces los discípulos se marcharon para contar a todo el mundo quién es Jesús. No tenían miedo. Sabían que el Espíritu Santo estaría siempre con ellos.

El Espíritu Santo nos ayuda

Cuando fuimos bautizados, nosotros también recibimos el Espíritu Santo. Él está siempre con nosotros. Él es quien nos ayuda.

El Espíritu Santo nos ayuda a creer.

El Espíritu Santo nos ayuda a orar.

El Espíritu Santo nos ayuda a demostrar nuestro

amor por los demás.

El Espíritu Santo nos ayuda a ser más como Jesús.

Con el sacramento de la Confirmación, nos fortalecemos en nuestra fe católica. El Espíritu Santo, en nosotros, nos ayuda a vivir como verdaderos hijos e hijas de Dios.

 Pienso en esto

El Espíritu Santo nos une y nos hace uno con Cristo y la Iglesia.

Los dones del Espíritu Santo

El Espíritu Santo nos ayuda dándonos siete regalos especiales. A estos regalos los llamamos los dones del Espíritu Santo.

El don de la sabiduría nos ayuda a darnos cuenta de lo importante que Dios es para nosotros.

El don del entendimiento nos ayuda a creer todo lo que Dios nos enseña.

El don de la ciencia nos ayuda a aprender acerca de lo que creemos.

El don del consejo nos ayuda a seguir el camino de Dios.

El don de la fortaleza nos ayuda a hacer el bien, incluso si esto es algo difícil de hacer.

El don de la piedad nos lleva a la oración. Hablamos con Dios y escuchamos lo que él nos dice.

El don del temor de Dios nos ayuda a saber lo maravilloso que es Dios.

Estos dones nos guían para que podamos tomar buenas decisiones. Nos ayudan para que podamos cumplir los Diez Mandamientos. Nos dan la ayuda que necesitamos para ser fieles seguidores de Jesús.

Escucho la Palabra de Dios

. . . el amor de Dios ha sido derramado en nuestro corazón por el don del Espíritu Santo.

Romanos 5:5

Nuestra oración al Espíritu Santo

Somos hijos e hijas de Dios. Somos seguidores de Jesús. El Espíritu Santo nos guiará en nuestro camino para vivir una vida santa.

Fortalecidos en la fe

Oramos al Espíritu Santo. Recordamos que él nos ayuda. Los dones del Espíritu Santo nos ayudan a crecer fuertes en la fe y en nuestro amor por Dios.

Todos hacen juntos la señal de la cruz.

GUÍA: Abramos nuestro corazón al Espíritu Santo, quien nos fortalece en la fe.

Piensa qué ayuda te gustaría recibir del Espíritu Santo. ¿Qué don del Espíritu Santo necesitas especialmente hoy?

Usando tus propias palabras, pídele en silencio ayuda al Espíritu Santo.

Ahora, oremos juntos la oración al Espíritu Santo:

TODOS: Ven, Espíritu Santo. Llena los corazones de tus fieles, y enciende en ellos el fuego de tu amor.
Envía, Señor, tu Espíritu, y todo será de nuevo creado, y renovarás la faz de la tierra.

GUÍA: Terminemos nuestra oración alabando a la Santísima Trinidad.

TODOS: Gloria al Padre, y al Hijo, y al Espíritu Santo. Como era en el principio, ahora y siempre, por los siglos de los siglos. Amén.

 ## Cuando hago oración

Abro mi corazón para recibir los dones del Espíritu Santo. Recuerdo que el Espíritu Santo me ayuda a orar.

Recuerdo lo que aprendo

- Recibo el Espíritu Santo durante el Bautismo.

- El Espíritu Santo me ayuda a creer, a orar y a ser más como Jesús.

- Los dones del Espíritu Santo se fortalecen en mí mediante el sacramento de la Confirmación.

Vivo lo que aprendo

- Hago oración al Espíritu Santo para que me ayude.

- Vivo como Jesús quiere que viva gracias a la ayuda del Espíritu Santo.

- Ayudo a los demás a seguir a Jesús.

Comparto con mi familia

El sacramento de la Confirmación fortalece los dones del Espíritu Santo que tenemos en nuestro interior. Con tu familia, dialoguen acerca de cómo los dones del Espíritu Santo les pueden ayudar a fortalecer su fe.

Conozco estas palabras

- Dones del Espíritu Santo
- Espíritu Santo

 Jesús, gracias por el don de tu Espíritu Santo.

Estamos vivos en el Espíritu Santo

Libro del estudiante

LOYOLA PRESS.
A JESUIT MINISTRY
CHICAGO

Estamos vivos en el Espíritu Santo

Visto y oído

¿Qué está pasando en este dibujo? ¿Cómo lo sabes?

No podemos ver el viento, pero sabemos que está ahí. Podemos sentirlo. Podemos ver cómo mueve las cosas. Si hay mucho viento, incluso lo podemos oír.

 Espíritu Santo, tú nos amas. Abre mi corazón para que me dé cuenta de que tú actúas en mi vida.

Los frutos del Espíritu Santo

No podemos ver al Espíritu Santo, pero sabemos que el Espíritu Santo actúa y obra en nuestra vida. San Pablo nos dice cómo podemos saber esto:

> . . . el fruto del Espíritu es amor, alegría, paz, paciencia, amabilidad, bondad, fidelidad, modestia, dominio propio.
>
> *Gálatas 5:22–23*

El Espíritu Santo actúa en nosotros cuando ofrecemos nuestra ayuda a los demás, cuando compartimos lo que tenemos o cuando hablamos bien de y con los demás. Cuando vivimos como Dios quiere, entonces nos convertimos en personas llenas de amor y alegría. Todas nuestras buenas palabras y acciones son frutos del Espíritu Santo.

San Pablo menciona nueve frutos del Espíritu Santo. La Iglesia católica añade la benignidad, la mansedumbre y la castidad. En total son doce los frutos del Espíritu Santo.

El Espíritu Santo en mí

Mediante el sacramento de la Confirmación, el Espíritu Santo nos fortalece. Nos unimos a Jesús y, por la gracia de Dios, somos santificados.

A continuación, completa la primera frase nombrando un fruto del Espíritu Santo. En la siguiente frase, escribe una acción que muestra cómo el Espíritu Santo obra en ti.

Sé que el Espíritu Santo obra en mi cuando actúo/me

comporto con: _____

_____.

Puedes ver este fruto del Espíritu Santo en mí cuando yo:

_____

_____.

 Pienso en esto

En el sacramento de la Confirmación, recibo un sello espiritual imborrable. Es por esto que sólo me confirmo una sola vez.

Sellados con el Espíritu

Así es como celebro el sacramento de la Confirmación:

Renuevo las promesas que se hicieron en mi nombre durante mi Bautismo. Prometo rechazar el pecado y vivir como hijo o hija de Dios.

El obispo extiende sus manos sobre mí y sobre todos los que van a ser confirmados. El obispo ora para que recibamos los dones del Espíritu Santo.

Yo oro a Dios, nuestro Padre, para que me fortalezca y así yo pueda ser más como Jesucristo, su Hijo.

 ### Escucho la Palabra de Dios

Todos los que se dejan llevar por el Espíritu de Dios son hijos de Dios.

Romanos 8:14

A continuación, mi padrino —que está junto a mí—
me presenta al obispo. El obispo me unge con un aceite
sagrado, llamado crisma, con el que traza la señal de la
cruz en mi frente.

El obispo me llama por mi nombre de confirmación y dice
en oración: "[Nombre], recibe por esta señal el don del
Espíritu Santo".

Entonces el obispo me da la paz.
   Él dice: "La paz esté contigo".
   Y yo respondo: "Y con tu espíritu".

Cuando celebro

Como nombre de confirmación, puedo usar el mismo
nombre que recibí durante mi Bautismo o puedo
elegir un nombre nuevo.

La renovación de las promesas bautismales

Nuestros padres y padrinos hablaron en nuestro nombre durante nuestro Bautismo. Hoy, en nuestra oración, seremos nosotros mismos quienes proclamaremos nuestra fe.

Hijos e hijas de Dios

Con el sacramento de la Confirmación, la gracia del Bautismo llega a su plenitud. El Espíritu Santo nos ayuda a vivir como hijos e hijas de Dios con mayor plenitud.

Todos hacen juntos la señal de la cruz.

GUÍA: En silencio, da gracias a Dios por haberte hecho su hijo especial. Pídele al Espíritu Santo que te ayude a fortalecer tu fe. Juntos, digamos no al pecado y proclamemos nuestra fe en Jesús. Renovemos las promesas de nuestro Bautismo.

¿Renuncias a Satanás, al pecado y a todo mal?

TODOS: Sí, renuncio.

GUÍA: ¿Crees en Dios, Padre todopoderoso, Creador del cielo y de la tierra?

TODOS: Sí, creo.

GUÍA: ¿Crees en Jesucristo, su único Hijo, nuestro Señor?

TODOS: Sí, creo.

GUÍA: ¿Crees en el Espíritu Santo?

TODOS: Sí, creo.

GUÍA: Esta es nuestra fe. Esta es la fe de la Iglesia. Espíritu Santo, aumenta tu presencia en nuestra vida, para que podamos ser fieles a las promesas que hemos hecho. Ayúdanos a guiar a los demás hacia Cristo.

TODOS: Amén.

Todos hacen juntos la señal de la cruz.

 ## Cuando hago oración

Recuerdo que el Espíritu Santo me ayuda a fortalecer mi fe. Le pido al Espíritu Santo que me ayude a vivir como hijo o hija de Dios.

Recuerdo lo que aprendo

- Los frutos del Espíritu Santo son señales de que el Espíritu Santo actúa en mí.

- Recibo el sacramento de la Confirmación sólo una vez.

- Cuando me confirmo, el obispo me unge con el crisma y dice: "Recibe por esta señal el don del Espíritu Santo".

Vivo lo que aprendo

- Soy bondadoso y educado con lo que digo.

- Trato a los demás con respeto y educación.

- Le pido al Espíritu Santo que me ayude a fortalecer mi fe.

Comparto con mi familia

El sacramento de la Confirmación nos fortalece en la fe. Dialoguen acerca de cómo tu familia vive la fe mediante lo que dice y hace.

Conozco estas palabras

- Crisma
- Frutos del Espíritu Santo
- Padrino

 Espíritu Santo, fortalécenos para que seamos seguidores de Jesús llenos de fe.

Recursos adicionales para el director del programa

Los sacramentos

Catecismo de la Iglesia Católica (Video). Washington, D.C.: USCCB Publishing.

Frazier, James E. *Symbols and Images in Church* (Our Catholic Tradition Handbooks). Chicago: Loyola Press, 1997 (Disponible sólo en inglés).

Gómez-Kelley, Sally. *Tu familia y los sacramentos* (Serie "Somos católicos"). Chicago: Loyola Press, 2007 (Disponible también en inglés).

Lane, S.J., George A. *Guía para católicos: creencias de la Iglesia* (Serie "Our Catholic Tradition Handbooks"). Chicago: Loyola Press, 1997 (Disponible también en inglés).

Stasiak, Kurt, O.S.B. *Teología sacramental: fuentes de gracia, caminos de vida* (Serie "Fundamentos de la fe católica"). Chicago: Loyola Press, 2002 (Disponible también en inglés).

El sacramento de la Reconciliación

Aschenbrenner, S.J., George A. *El examen del consciente.* Chicago: Loyola Press, 2007 (Disponible también en inglés).

Connor, Jr., Russell B. *La moral cristiana: en el aliento divino* (Serie "Fundamentos de la fe católica"). Chicago: Loyola Press, 2002 (Disponible también en inglés).

Jesuits On . . . Reconciliation. Loyola Productions, Inc., 2006 (DVD). Pedidos: www.loyolaproductions.com (Disponible sólo en inglés).

El sacramento de la Eucaristía

Dichosos los invitados a la cena del Señor. Washington, D.C.: USCCB Publishing, 2007 (Disponible también en inglés).

Grassi, Dominic and Joe Paprocki. *Living the Mass: How one hour a week can change your life.* Chicago: Loyola Press, 2005 (Disponible sólo en inglés).

La presencia real de Jesucristo en el Sacramento de la Eucaristía. Washington, D.C.: USCCB Publishing, 2002 (Disponible también en inglés).

Martin, James, S.J., ed. *Celebrating Good Liturgy: A Guide to the Ministries of the Mass.* Chicago: Loyola Press, 2005 (Disponible sólo en inglés).

Murray, J-Glenn, S.J. *Why We Go to Mass* (Liturgy and Our Lives). Chicago: Loyola Press, 2002 (Available in video and DVD). (Disponible sólo en inglés).

Los sacramentos de iniciación según el Orden Restaurado

Rite of Confirmation–Bilingual Edition. Washington, D.C.: USCCB Publishing.

CD de recursos para el director del programa

Índice

3ª Parte   Eucaristía

4ª Parte   Orden Restaurado

Los documentos contenidos en el CD de recursos para el director del programa son compatibles con los sistemas Windows® y Macintosh. Para abrir los archivos necesitará Microsoft® Word (versión 97 o posterior) y Adobe Reader® (disponible gratis en www.adobe.com).